Todos los libros de Linkgua Ediciones cuentan con modelos de Inteligencia Artificial entrenados por hispanistas. Pregúntale al chat de tu libro lo que desees acerca de la obra o su autor/a.

Para ebooks: Accede a nuestro modelo de IA a través de este enlace.

Para libros impresos: Escanea el código QR de la portada con tu dispositivo móvil.

Obtén análisis detallados de nuestros libros, resúmenes, respuestas a tus preguntas y accede a nuestras ediciones críticas generativas para una experiencia de lectura más enriquecedora.
La transparencia y el respeto hacia la autoría de las fuentes utilizadas son distintivos básicos de nuestro proyecto. Por ello, las respuestas ofrecen, mediante un sistema de citas, las fuentes con las que han sido elaboradas.

César Vallejo

Rusia en 1931

Reflexiones al pie del Kremlin

Barcelona 2024
Linkgua-ediciones.com

Créditos

Título original: Rusia en 1931. Reflexiones al pie del Kremlin.

© 2024, Red ediciones S. L.

e-mail: info@linkgua.com

Diseño de cubierta: Michel Mallard.

ISBN rústica ilustrada: 978-84-9007-814-3.
ISBN tapa dura: 978-84-1126-336-8.
ISBN ebook: 978-84-9007-369-8.

Sumario

Brevísima presentación

La vida

César Abraham Vallejo Mendoza (Santiago de Chuco, Perú, 16 de marzo de 1892-París, 15 de abril de 1938), poeta y escritor peruano considerado entre los más grandes innovadores de la poesía del siglo XX. Publicó en Lima sus dos primeros poemarios: *Los heraldos negros* (1918), que reúne poesías que si bien en el aspecto formal son todavía de filiación modernista, constituyen a la vez el comienzo de la búsqueda de una diferenciación expresiva, y *Trilce* (1922). En 1923 dio a la prensa su primera obra narrativa: *Escalas, colección de estampas y relatos*. Ese mismo año partió hacia Europa, para no volver más a su patria. Hasta su muerte residió mayormente en París, con algunas breves estancias en Madrid y en otras ciudades europeas. En esta última etapa de su vida publicó libros en prosa: la novela proletaria o indigenista *El tungsteno* (1931) y el libro de crónicas *Rusia en 1931*. Por entonces escribió también su más famoso cuento, *Paco Yunque*, que fue publicado años después de su muerte.

El libro

Rusia en 1931 fue publicada en Madrid ese mismo año, y constituyó un auténtico éxito editorial. Vallejo se nos presenta como un viajero perceptivo y desinteresado, ansioso de comprender la realidad de la vida diaria en la sociedad soviética.

Yo no pertenezco a ningún partido. No soy conservador ni liberal. Ni burgués ni bolchevique. Ni nacionalista ni socialista. Ni reaccionario ni revolucionario. Al menos no he hecho de mis actitudes ningún sistema permanente y definitivo de conducta. Sin embargo, tengo mi pasión, mi entusiasmo y sinceridad vitales. Tengo una forma afirmativa de pensamiento y de opinión, una función de juicio positiva. Se me antoja que, a través de lo que en mi caso podría conceptuarse como anarquía intelectual, caos ideológico, con tradición de incoherencia de aptitudes, hay una orgánica y subterránea unidad vital.

Un viajero en la Rusia comunista

En los tiempos que corren, cuando el interés en las utopías y el cansancio del capitalismo nos hacen buscar otras opciones políticas, este libro es un excelente punto de partida para pensar cuáles alternativas serían solventes a nuestra crisis de valores.

Aquí en dieciséis capítulos se estudian temas tan diversos como la economía cooperativa y el amor libre en la verdadera sociedad comunista. Aquí hay un intento de postular una verdad que se opone a la visión del mundo occidental.

Ciertos pasajes de *Rusia en 1931* pueden ser considerados ingenuos. Sin embargo, los índices de igualdad o las medidas sociales descritas por Vallejo son ejemplos modélicos de aquello que las sociedades democráticas esperan de sí mismas. Quizás no para tomar al Comunismo como un referente, si no como punto de contraste con el sistema que hoy prevalece.

Nota del autor

Que yo sepa, la mayoría de los reportajes escritos sobre Rusia pueden clasificarse en cuatro categorías: el reportaje que, titulándose de estudio del mundo soviético, se limita, en realidad, a hablar únicamente de la Rusia prerrevolucionaria y antigua (casi todo el libro de Stefan Zweig); el estudio técnico, el simple reportaje fotográfico y sin comentario y, por último, el reportaje interpretativo y crítico.

Los reportajes de la primera categoría no valen la pena de ocuparse aquí de ellos, pues carecen de significación dentro de la bibliografía soviética. Hablemos un poco de las otras tres categorías.

El estudio técnico no concierne sino a los iniciados: políticos, economistas, hombres de ciencia, artistas. Es un informe profesional o académico para un círculo estrecho de profesionales. Su alcance termina donde empieza el criterio medio del gran público. Tales son, verbigracia, el informe de las Trades-Unions británicas, o el más reciente de la delegación industrial yanqui, o el libro de política de Herriot, o el de Moussinac sobre cinema, o el de Crowther sobre la ciencia soviética.

El reportaje meramente informativo y noticioso, tratándose de un fenómeno tan proteico y fluyente como es la revolución rusa, apenas deja en el no iniciado impresiones superficiales, dispersas y, a la larga, falsas, sin encadenamiento ni contenido orgánicos. La simple exposición de un hecho aislado define, a lo sumo, la existencia de éste y una existencia de fachada aparente. Solo su interpretación descubre el basamento social del hecho, su relación con los demás anteriores, simultáneos y posteriores; en fin: su movimiento dialéctico, su trascendencia vital, su perspectiva histórica. Un ejemplo de estos reportajes exclusivamente fotográficos es el libro de Hükbeklen.

Los reportajes de la cuarta categoría son ya críticos; pero de una crítica sentimental y subjetiva (los libros de Istrati, de Durtain, de Violis, de Duhamel). La base racional y objetiva del espíritu crítico rige con igual rigor en las ciencias sociales como en las ciencias naturales. Tan necio sería negar, por un motivo sentimental, que el Sol alumbra, como negar, por ejemplo, que el trabajo es el único productor de la riqueza. De otro lado, tampoco se logra explicar certeramente un hecho si el juicio no se desenvuelve en un terreno científico, o siquiera sea de cierta iniciación científica, accesible y necesaria al criterio medio del lector. No basta haber estado en Rusia: menester es poseer un mínimum de cultura sociológica para entender, coordinar y explicar lo que se ha visto.

No hace falta añadir aquí que los demás libros de «impresiones» de viaje a Rusia no son más que pura literatura.

***

El presente libro se dirige, de preferencia, al gran público. Mi propósito es de dar en él una imagen del proceso soviético, interpretada objetiva y racionalmente y desde cierto plano técnico trato de exponer los hechos tal como los he visto y comprobado durante mis permanencias en Rusia, y trato también de descubrirles, en lo posible, su perspectiva histórica, iniciando a los lectores en el conocimiento más o menos científico de aquellos, conocimiento científico sin el cual nadie se explica nada claramente. Mi esfuerzo es, a la vez, de ensayo y de vulgarización.

Los juicios de este libro parten del principio según el cual los acontecimientos no son buenos ni malos por sí mismos ni en sí mismos, sino que tienen el alcance y la significación que les da su trabazón dentro del devenir social. Quiero decir con esto que yo valoro la situación actual de Rusia. Más por la velocidad, el ritmo y el sentido del fenómeno revolucionario —que constituyen el dato viviente y esencial de toda historia—, que por el índice de los resultados ya obtenidos, que es el dato anecdótico y muerto de la historia. La vida de un individuo o de un país exige, para ser comprendida, puntos de vista dialécticos, criterios en movimiento. La trascendencia de un hecho reside menos en lo que él representa en un momento dado, que en lo que él representa como potencial de otros hechos por venir. De aquí que en este libro insisto a menudo en acotar y hacer resaltar los valores determinantes de futuras realidades, mediatas o inmediatas, pero ciertas e incontrastables.

✱✱✱

Los datos estadísticos relativos a 1931 están tomados de las «Cifras de control» correspondientes a la coyuntura del segundo y tercer año del Plan Quinquenal.

I. La urbe socialista y la ciudad del porvenir

Si el arribo a Moscú es por la mañana y viniendo del Norte, la ciudad queda de lado y a dos piernas, con el Moscova de tres cuartos. Si la llegada es por la tarde y viniendo del Oeste, Moscú se pone colorado y los pasos de los hombres ahogan el ruido de las ruedas en las calles. No sé cómo será la llegada a Moscú por el Este y al mediodía, ni cómo será el arribo a medianoche y por el Sur. ¡Una lástima! Una falta geográfica e histórica muy grave. Porque para «poseer» una ciudad certeramente, hay que llegar a ella por todas partes. Si Paul Morand hubiera así procedido en Nueva York, El Cairo, Barcelona, Roma, Bombay, sus reportajes no sufrirían de tamaña banalidad.

Esta vez llego a Moscú al amanecer. El tren viene de Leningrado, y es en los comienzos del otoño. Un kulak[1] y dos mujiks viajan en mi compartimiento, que aun siendo de tercera clase, lleva cuatro camas, como un camarote. En Rusia, tanto los pasajeros de «pullman» como los de tercera, disfrutan de una cama ferroviaria. Porque el «pullman» existe actualmente en Rusia. «¿Cómo? —se preguntan las gentes en el extranjero—. ¿Subsiste la división de clases y las categorías económicas en los ferrocarriles soviéticos?... ¿Cuál es entonces la igualdad introducida por la revolución?... En un país donde impera la justicia y donde no hay ricos ni pobres, tampoco debería haber primera, segunda ni tercera...» Pero en estas exclamaciones se padece de dos errores. En primer lugar, ya se yerra al suponer que la igualdad económica puede producirse y reinar, de la noche a la mañana, por un simple decreto administrativo o por acto sumario y casi físico de las multitudes, como si se tratase de

1 Propietario de tierras. (N. del E.)

la nivelación topográfica de un camino o de un jardín. La igualdad económica es un proceso de inmensa complejidad social e histórica, y su realización se sujeta a leyes que no es posible violentar según los buenos deseos de los individuos y de la sociedad. La democracia económica depende de fuerzas y directivas sociales independientes, por así decirlo, de la voluntad o capricho de los hombres. Lo que, a lo sumo, puede hacerse es transformar el ritmo y la velocidad del proceso, pero no forzarlo con medidas eléctricas y más o menos mágicas. No es, pues, serio atribuir al Sóviet el poder de realizar de golpe, y en los trece años que lleva en el Gobierno, la democracia económica completa, y tan completa que pueda ya reflejarse en mínimas relaciones de la vida colectiva, como es la cuestión de las clases de los trenes. El error reside en que, aun suponiendo que la igualdad económica fuese un hecho absolutamente logrado por el Sóviet, se olvida que en Rusia hay extranjeros de paso y que estos extranjeros son, en su mayoría, ricos. El Sóviet no puede obligar a un millonario yanqui, inglés o alemán, a que sea pobre o viaje como pobre. Si así lo hiciese, nadie iría a Rusia y se llegaría al aislamiento de este país del resto del mundo. Precisamente, la primera de todos los trenes rusos va ocupada exclusivamente por extranjeros.

Al entrar el tren en Moscú, son las siete de la mañana. Un Sol caliente sube por un cielo sin nubes. No se produce en el tren ese aprieto y tumulto que se ve en otros países a la llegada a una estación ¿Por qué? Entre otras causas, porque el número de pasajeros que van a bajar en Moscú es relativamente reducido, y su descenso del tren puede, en consecuencia, realizarse holgadamente. Con idéntica holgura ha subido y bajado mucha gente en las distintas estaciones del tránsito. Y esta ausencia de prisas y congestiones en el movimiento de pasajeros es fruto del nuevo calendario que el Sóviet acaba de poner en vigencia, en reemplazo del antiguo calendario religioso. Se ha instaurado el año de trabajo continuo, con la semana de cuatro días laborables y uno de reposo. Este último no es el mismo para todos los trabajadores. Una rotación especial de las semanas establece que cada quinta parte de la población disfrute de reposo hebdomadario el día en que las cuatro quintas partes restantes trabajan. De este modo, y siguiendo el turno, para unos el día de reposo es hoy; para otros, mañana; para otros, pasado mañana, y así sucesivamente. Se ha instituido, de otro lado, el día de trabajo continuo, y los equipos de obreros se suceden siguiendo una rotación destinada, asimismo, a repartir el tráfico por igual entre todas las otras horas del día. El tiempo así estructurado ha producido, entre otros resultados prácticos y económicos realmente sorprendentes —tales como el añadir sesenta días más de trabajo a la producción económica anual—, la descongestión automática del tráfico. Los trenes llevan todos los días un número más o menos uniforme de pasajeros; no hay en las estaciones días y horas de angustiosa aglomeración al lado de otros de vacío absoluto. Esto, que los países capitalistas más importantes no pueden realizar, pese a los innumerables ensayos emprendidos por la Gran Bretaña, Alemania, Estados Unidos y Francia, ha sido resuelto de golpe por el Sóviet.

Cuando el extranjero baja del tren y entra en las calles de Moscú, a sus restaurantes, a sus teatros, clubs obreros, bazares, cinemas y demás focos de aglomeración ciudadana —cualquiera que sea la hora, el día o el mes del año—, palpa de modo más directo aún los beneficios del nuevo calendario soviético sobre el movimiento de la ciudad. Ningún embotellaje. Ningún espectáculo de desorden, de disputa e imprecaciones del público, motivado por la congestión de la multitud. Ningún servicio *ad hoc* de policía. No circula ciertamente en Moscú la enormidad de vehículos que circula en Nueva York, en Londres, en París, en Berlín, en Viena. Pero la población de Moscú (dos millones y medio de habitantes) es, con relación a su área y capacidad de alojamiento, superior a la de cualquiera de las urbes capitalistas, y ella va creciendo día a día y con rapidez pasmosa. De otro lado, la intensidad y orden del tráfico de una ciudad no se reflejan tanto en las calles, sino en otros centros y núcleos colectivos, destinados al trabajo, al comercio y a los espectáculos públicos. Es aquí donde el Sóviet deja ver la forma armónica y radical con que se ha resuelto en Rusia el problema del tráfico urbano.

Una vez más hay que convencerse de que los problemas sociales deben ser afrontados en sus bases económicas profundas, y no en sus apariencias. La cuestión del tráfico no es del resorte policial ni municipal; ella es más bien esencialmente económica, y su solución no es tan fácil como se imagina cualquier prefecto de policía capitalista, sino que está entrañada y depende de la estructura intrínseca del Estado y de las relaciones sociales de la producción. La dación de un nuevo calendario destinado a organizar científicamente las exigencias modernas del movimiento urbano, no puede venir sino de un Gobierno socialista, cuya gestión se apoya en la síntesis organizada y realmente soberana de los intereses colectivos. En el Estado burgués, la anarquía y contradicciones que emanan de la división de la propiedad, impiden las transformaciones de conjunto, y cualquier medida que, en una u otra forma, contradiga o hiera una parte de los intereses particulares en juego, resulta literalmente imposible.

***

Burgo, entre mongol y tártaro, entre búdico y cismático-griego, Moscú es una gran aldea medieval, en cuyas entrañas maceradas y bárbaras se aspira todavía el óxido de hierro de las horcas, el orín de las cúpulas bizantinas, el vodka destilado de cebada, la sangre de los siervos, los granos de los diezmos y primicias, el vino de los festines del Kremlin, el sudor de mesnadas primitivas y bestiales. Cada rincón de la ciudad lo testifica plásticamente: su plano irregular y abrupto, sus muros amarillos y blancos, las calzadas empedradas, los tejados rojos y salpicados de musgo; en fin, el decorado elemental y asiático.

Solo que junto a las ruinas del pasado anterior a 1917, se advierten las ruinas y devastaciones producidas por la revolución de octubre y las guerras civiles que la siguieron. El bombardeo, los saqueos y destrucciones se hallan aún impresos en las puertas desquiciadas, en las ventanas rotas, en los techos volados, en los muros partidos, en los monumentos y edificios mutilados. Especialmente, las iglesias, los palacios y las estatuas sufrieron una revisión histórica implacable. Se ve que, aparte de la ruinosa ciudadela de Iván el Terrible, sobrevive allí la ruinosa ciudadela de la revolución, es decir, los vestigios de un tremendo huracán político.

Pero, además de ser Moscú un conjunto de ruinas prerrevolucionarias y un conjunto de escombros de la revolución, es la capital del Estado proletario. La urbanización obrera se acelera con ritmo sorprendente. Esta urbanización abraza dos actividades: construcción de casas totalmente nuevas y transformación de las antiguas en alojamientos colectivos para obreros. Una tercera parte de la ciudad es ya nueva. Al margen izquierdo del Moscova, la casi totalidad de las casas son de reciente construcción. ¿Su estilo? Un estilo rigurosamente soviético. Sobriedad de concepción, líneas simples, ángulos rectos, material sólido, ingeniería despreocupada del absorbente mito monumental y decorativo de la arquitectura de Occidente. Nada más lejos, por otro lado, de la miseria arquitectónica de las «casas para obreros» que el capitalismo construye —cuatro muros y un techo—, como si se tratase de encerrar en ellas, no ya a seres humanos, sino a boyadas de trabajo o ganado de camal. Las casas proletarias del Sóviet son amplias, confortables, higiénicas. Sobre todo, higiénicas. Cada casa es una pequeña ciudad, con jardines, biblioteca, salas de baño, club y hasta teatro. Nada de colorines murales. Nada de banal ni de superfluo. Nada de barroco ni de churrigueresco. Se ha pretendido asimilar estas construcciones al rascacielos de Nueva York y a la nueva arquitectura alemana. Más ni ésta ni aquél reúnen, como la arquitectura soviética, el confort y la sencillez, la elegancia y la simplicidad, la solidez y la belleza.

A cada uno de estos tres aspectos urbanos de Moscú corresponde un sector social particular. La población reaccionaria se destaca y diferencia rotundamente del elemento bolchevique y de las masas obreras soviéticas. Son tres capas sociales, cuya mentalidad, costumbres e intereses diversos y, a veces, opuestos, coexisten, sin embargo, en la ciudad actual. Luc Durtain lo ha constatado en parte, aunque clasificando la población por generaciones, es decir, con criterio individualista, en lugar de clasificarla según los ciclos del progreso social, es decir, con criterio colectivo. Luc Durtain sigue un procedimiento geológico y, para estudiar el fenómeno ciudadano, le da cortes verticales, en lugar de seguir un procedimiento biológico, seccionándolo horizontalmente Luc Durtain, siendo médico, olvida el método de Darwin. Nos gustaría ver cómo Durtain estudia un tallo, cortándolo fibra a fibra, en vez de darle cortes horizontales.

Contemplando el panorama de Moscú, desde una de las torres del Kremlin, pienso en la ciudad del porvenir. ¿Cuál será el tipo de la urbe futura? La ciudad del porvenir, la urbe futura, será la ciudad socialista. Lo será en el sentido en que Walt Whitman concibe el tipo de gran ciudad: como el hogar social por excelencia, donde el género humano realiza sus grandes ideales de cooperación, de justicia y de dicha universales. Lo será en el sentido en que Marx y Engels la conciben: como la forma más avanzada de las relaciones colectivas, cuando la sociedad cesa de ser una jauría de groseros individualismos, un lupanar de instintos bestiales —y menos que bestiales, viciosos—, para empezar a ser una estructura política y económica esencialmente humana, es decir, justa y libre y de una libertad y una justicia dialécticas, cada vez más amplias y perfectas.

¡La ciudad del porvenir! ¿Dónde, en efecto, y mejor que en la ciudad socialista, podrá producirse ese maravilloso fenómeno futuro? Porque la ciudad del porvenir ha de ser construida solo por el socialismo, y ella misma ha de ser la más prodigiosa cristalización socialista de la convivencia humana. Concebir la urbe del porvenir dentro del sistema capitalista —como lo hacen los filósofos, profetas, políticos y escritores burgueses— es un absurdo y un contrasentido. Equivale a pretender edificar un rascacielos de mil pisos con barro o cualquiera otro de los materiales deleznables y rudimentarios empleados en las construcciones primitivas.

No es la ciudad del porvenir Nueva York. El simple espectáculo de sus maravillas mecánicas no la inviste del título ni de las cualidades suficientes para ser la urbe del futuro. Estas maravillas mecánicas constituyen apenas uno de los materiales —el más anodino— del tipo de ciudad a que aspira la humanidad. Indudablemente, el confort material, las facilidades de rapidez y precisión con que el progreso industrial encauza y motoriza la vida urbana, son necesarios a la ciudad del porvenir. Mas no basta que la sociedad produzca y consuma estos elementos de vida, al azar. Menester es que su producción y consumo se democraticen, se socialicen. Menester es socializar el trabajo, la técnica, los medios e instrumentos de la producción, de una parte; y de la otra, la riqueza. El mundo de los justos no es posible sin esta doble socialización. ¿Los Estados Unidos la han realizado? El capitalismo, en general, lleva consigo, según Marx, los gérmenes de ambos procesos. Pero en los Estados Unidos, el progreso de la técnica ha determinado únicamente una cierta socialización del trabajo. Los medios e instrumentos de la producción —fábricas y tierras— y los productos, continúan de propiedad de unos cuantos. La fabricación de un alfiler es obra de cincuenta obreros; está socializada, está hecha en sociedad. Pero el dueño del alfiler, el que se aprovecha de su venta —una vez deducida una mínima parte para el pago de los jornales—, es un solo patrón, dos o cuatro. A Nueva York le falta, pues, la socialización integral del trabajo, de las fábricas y de los productos. Mientras en los Estados Unidos la propiedad, el trabajo y la riqueza no se hayan socializado integralmente, no es ni será Nueva York la ciudad del porvenir. Para que las maravillas mecánicas y eléctricas de Nueva York hagan de esta urbe la ciudad del porvenir, deben ser socializadas en su creación y en su aprovechamiento. Si esto no sucede y si, por el contrario, la propiedad, los progresos de la técnica, el trabajo y los productos se basan, como hasta ahora, en la injusticia, en la explotación de la mayoría por una minoría y en la división de clases, Nueva York seguirá siendo una selva de acero en que se desarrolla el drama regresivo y casi zoológico de millones de indefensos trabajadores, devorados por unos cuantos patronos, y sus maravillas industriales —tan decantadas ya y exageradas— seguirán siendo el producto sangriento e inhumano de ese drama.

***

Por lo demás, y siempre que no se trate de estudiar científicamente la realidad, sino simplemente de opinar según los gustos, intereses personales, sentimientos de clase o prejuicios afectivos, hay mil maneras de plantear un problema y otras mil de resolverlo, de deducir hipótesis o de formular profecías. No me refiero aquí a las opiniones de escritores exclusivamente literarios y tragaleguas, a lo Paul Morand, ni a las de pensadores de suma especulación metafísica, a lo Massis. Ya pueden estos publicistas divagar al infinito sobre ésta y otras cuestiones, con alegatos y dialécticas más o menos fascistas o socialistas por snob. El daño y desviación que ellos producen en el criterio internacional no son muy graves para detenerse a refutar seriamente sus ideas y teorías. Aquí me refiero más bien a las ideas y teorías de uno de los publicistas liberales de mayor boga científica en Europa: a Lucien Romier, que pasa por ser un sociólogo de laboratorio y por plantear y tratar los fenómenos sociales con riguroso y hasta revolucionario método objetivo.

¿Cómo estudia Lucien Romier la génesis, formación y devenir de las ciudades en general, Nueva York y Moscú inclusive? Romier aplica a esta cuestión el criterio unilateral, incompleto y gastado de las aguas. Según Romier, no hay más que dos imperios: el imperio de los mares y el imperio de los grandes ríos. Cuando ambos se juntan, producen el supremo poderío, como en el caso de Londres. Toda gran ciudad está situada sobre un río o sobre un puerto marítimo. Las ciudades de irradiación universal explotan lo más o menudo un estuario o comunican con él. Nueva York, sobre el estuario del Hudson, en el Atlántico, es otro ejemplo de gran urbe destinada a un gran porvenir.

Verdad es que Romier reconoce que, contra la grandeza creciente de Nueva York a base hidrográfica, hay ahora una arma nueva y terrible: la navegación aérea. «La circulación —dice Romier—, antes esclava de los peajes y sometida luego a los Estados, opera hoy con absoluta soberanía. Ella se ha liberado de los ríos, de los valles, de las montañas, y se liberará también del océano. Con el avión, el hombre ha abolido una distinción fundamental en la geografía de los viajes y del comercio: la distinción entre la tierra y el mar. El avión triunfará de los mares, no solo porque gasta menos energía humana que el navío, sino porque su utilidad y sus posibilidades de progreso tenderán más y más a abreviar las distancias y los plazos marinos.» Sin embargo, Romier, de razonamiento en razonamiento, elude la tesis exclusivamente aérea en cuestión, y, mediante un enorme bostezo deductivo, utiliza al servicio de su tesis hidrográfica el propio valor aviónico a que alude.

Y Romier discurre en estos términos: ¿Cuáles serán en el porvenir los países mejor equipados de transportes aéreos? Estos países serán precisamente los países de mayor litoral marítimo y fluvial.

Porque, para Romier, el avión, en suma, no tendrá casi utilidad terrestre en el porvenir, pues cada país llegará a tal punto a poblarse de aldeas y ciudades, que éstas estarán casi pegadas entre sí y no tendrán necesidad de una locomoción parecida. En cambio, la aviación marítima será la que decida de la suerte de los países y de las capitales. Por otro lado, psicológicamente, los pueblos de mayor vocación aérea son los pueblos marítimos. «Más pronto —dice Romier— un mal marino se hace un gran aviador, que un hombre continental un aviador mediocre.»

La teoría de Romier asigna, a fin de cuentas y según sus dos tesis, hidrográfica y aviónica, una gran fortuna a Londres y, sobretodo, a Nueva York, ya que, como él dice, esta última urbe disfruta del excepcional privilegio de hallarse situada, como ninguna otra, en la encrucijada de una gran corriente de circulación marítima y de una fuerte atracción de origen continental. ¡Qué triste suerte, por el contrario, para Berlín, París y, más aún, para Moscú, situada más que todas ellas lejos del Océano, y sin comunicación con un estuario.

Por fortuna, la doctrina de Romier es falsa y apasionada, pese a sus apariencias científicas e imparciales. Su falsedad arranca de la ideología anticuada de Romier. Su apasionamiento reside en el espíritu clasista del autor.

Romier, en efecto, no hace sino reconsiderar la fallida teoría hidrográfica de la vieja sociología naturalista, para la cual los fenómenos sociales y económicos se explican únicamente por las leyes del medio natural (tierras, aguas, clima). Romier hace suyo el célebre principio de los fisiócratas: «Las leyes constitutivas de la sociedad son las leyes del orden natural». Romier se queda aquí y rechaza o no concibe la influencia del medio social sobre la naturaleza y sobre la propia sociedad, influencia que, según Marx, toma día a día un peso decisivo en los destinos y transformaciones sociales. La rezagada visión de Romier apenas le permite entrever ligeramente la posibilidad abstracta de que el avión —que es una fuerza creada por la sociedad— pueda destruir la influencia y preponderancia hidrográficas en la suerte de las ciudades. Hasta aquí y no más allá llega la estancada mentalidad de

Romier, y aquí empieza su ceguera orgánica, producto genuino de sus prejuicios clasistas. Aquí empieza, para salvar sus tesis en peligro, a echar mano a la sutileza, al ingenio y al sofisma, contra Moscú y los destinos del Sóviet. Es cierto que, cuando Romier estudia esta cuestión, no alude ni se propone impugnar la revolución social, de cuya suerte depende el futuro de urbes y naciones. Sin embargo, quien haya leído sus libros *América o Europa* y *El hombre nuevo*, reconoce fácilmente su temperamento político y su aversión tácita y acaso subconsciente por el comunismo y el método marxista. Nada tiene, pues, de extraño que ignore o no comprenda la doctrina socialista que atribuye a la sociedad y a la naturaleza una influencia recíproca, tendiendo la primera, constante y progresivamente, a dominar a la segunda, valiéndose de los progresos infinitos de la técnica.

Romier no acepta que los progresos, de la circulación decidan un día —por sobre los ríos, los estuarios y los mares— del desarrollo de una urbe. De aceptar esta verdad, Romier se vería obligado a dejar abierta la puerta del porvenir a las ciudades que, como Moscú, no caen dentro de las conclusiones favorables de sus tesis y en las que, en cambio, la técnica empieza a cobrar un vuelo nunca visto mediante la socialización, más o menos evolutiva o revolucionaria, de la producción. Y esto es justamente lo que Romier no concibe ni toleraría.

* * *

Al instalarnos en el automóvil, le pregunto a Boris Pessis, secretario de Voks (Oficina de relaciones intelectuales internacionales) por el movimiento automovilístico en las ciudades soviéticas.

Como usted ve —me dice en tanto atravesamos las primeras calles de Moscú—, no hay muchos automóviles en Rusia. Unos doscientos en Moscú, otros tantos en Leningrado y todavía menos en provincias.

—¿Las causas?

—En primer lugar, toda la producción de maquinaria la enfoca actualmente el Sóviet hacia la industria y la agricultura. En segundo lugar, la circulación ciudadana en automóvil no exige aún, desde el punto de vista comercial y económico de las ciudades, mayor número de carros que el que ahora existe. Dentro de la concepción soviética de la convivencia urbana, la velocidad es una cuestión estrictamente económica...

—Lo comprendo. Nueva York, por ejemplo...

—El esquema es éste: a mayor riqueza, mayor velocidad. En el terreno mismo de la técnica de producción, una máquina, un aparato, un útil se mueve más rápidamente cuanto más dinero ha costado su fabricación.

—Hasta cierto punto —le observo a Boris Pessis—. Porque si ha habido robo o despilfarro en la fabricación del útil o de la máquina...

—Hablo, naturalmente, del coste verdadero de la fabricación. Pues bien; la velocidad, como expresión que es del desarrollo económico de un país o de una ciudad, sigue, en cierto modo, las modalidades sociales de la economía. En Nueva York, juzgad las cosas en este plano, la población se divide en dos sectores: el proletariado de base y la gente pobre, de un lado, y del otro, la burguesía y el proletariado técnico. Para el primer sector, la velocidad ciudadana es mínima. Para el segundo es mayor, excelente, vertiginosa. Para la masa pobre solo existe el metropolitano y el tranvía, con todas sus limitaciones y embarazos de tiempo, precio y aglomeración. Para los patronos y los obreros técnicos están los automóviles públicos o particulares, hasta para ir a comprar un botón, y a la hora que se quiere. Pero en Rusia, la realidad es distinta. Dentro de la vida soviética de las ciudades, no hay esos dos sectores de población, rápido el uno y al ralentí el otro. Nadie, absolutamente nadie, anda en automóvil en Moscú.

—Mire usted ese carro que pasa por allí... —añade Boris Pessis, señalando con el índice la Plaza de la Revolución.

Yo observo largamente en torno nuestro. La totalidad de los transeúntes van a pie. De cuando en cuando pasa un tranvía repleto. ¡Un automóvil! Es el que indica Pessis. Trato entonces de ver la clase de personas que le ocupan y le digo a mi acompañante:

—¿Pero quiénes son, entonces, los que van en ese automóvil?

—Son funcionarios y empleados del Sóviet. El integro de los pocos automóviles existentes, está dedicado a los servicios del Estado y de la cosa pública: sindicatos de producción, cooperativas, etc.

—Pero yo he viajado en taxi en Leningrado —le observo a Boris Pessis.

—En Rusia hay solo unos cuantos taxis destinados a los turistas o extranjeros de paso en las ciudades, que, en general, son ricos o acomodados, y a quienes el Sóviet debe dar facilidades, satisfaciendo sus hábitos de velocidad y confort, propios de su clase social. Fuera de esta excepción, esporádica y extraña a la existencia soviética, y que solo sirve al interés turístico del país, no hay —como está usted viendo— ni taxis ni automóviles particulares.

—¿Pero los habrá algún día? ¿Cuándo y cómo irrumpirá la velocidad en la vida ciudadana soviética?

—Eso ya es otra cuenta. Todo el mundo anda en Moscú en tranvía o a pie, porque la vida económica ciudadana marcha bien —si se nos permite la frase— en tranvía y a pie. La potencia económica del Sóviet está, por ahora, operando en el campo y en la fábrica, en las minas, en los puertos, en los ferrocarriles, en las instalaciones mecánicas, en la electrificación industrial del país. La ciudad —y cuanto se relaciona con ella: velocidad, confort, etc.— Es ya una forma avanzada del proceso económico de un país. Dentro del capitalismo norteamericano han surgido últimamente grandes urbes, como a la minuta, apenas el país cobró su máximo desarrollo económico. Solo que en la estructura social de Chicago, San Francisco y Manhattan, la velocidad, el confort, etc., pertenecen, como repito, solamente a ciertas clases sociales, mientras otras carecen en gran parte de tales facilidades del progreso.

—Y en Moscú, en Kiev, en Leningrado, ¿cómo será resuelta la cuestión de la velocidad desde el punto de vista social?

—Cuando la economía soviética haya llegado a producir las ciudades socialistas a que aspiramos, los medios y resortes de velocidad urbana estarán repartidos por igual en la masa ciudadana. No hay ahora en Moscú automóvil para nadie: mañana habrá automóvil para todos.

—Entretanto...

—Entretanto, hay que avanzar a pie o, a la sumo, en tranvía. Los comienzos de una nueva historia van siempre a pie. El hecho de que nadie aún pueda ir en automóvil en Moscú no debe alarmar a nadie. Lo alarmante sería que algunos fuesen un día en automóvil a través de las masas a pie, como ocurre en las urbes capitalistas. Ese sería signo de que la revolución rusa ha fracasado o va a fracasar. Pero mientras eso no suceda, lo otro es cosa de pocos años.

Bajamos ante la puerta del hotel Bristol, en Tuerskaya Ulitza y pago el taxi. Un rublo cuarenta, o sea veinte francos. ¡Una fortuna! En París, un recorrido igual costaría siete francos. Pero en París gozo de la ventaja de ser un burgués entrañado a la mecánica igualmente burguesa de la ciudad, mientras que en Moscú soy un burgués extraño y totalmente al margen de la mecánica económica de Rusia. Debo, pues, pagar duro, en el mundo obrero, mi diferencia de clase social, como paga también duro el obrero su diferencia de clase en el mundo capitalista. Es la lucha de clases de la historia.

II. La ciudad más cara y la más barata del mundo. El trabajo, base universal de todo el sistema jurídico soviético

María Schlossberg, obrera de la fábrica Karschanaia, de caramelos y chocolates, de los alrededores de Moscú, me guía a través del laberinto de máquinas en pleno trabajo.

—¿Qué diferencia existe en Rusia —le pregunto— entre el obrero ruso y el obrero extranjero? ¿Hay aquí obreros extranjeros?

María Schlossberg sonríe con indulgencia a mis preguntas:

—En Rusia —me dice— ningún obrero es extranjero. No hay aquí la división que se hace de las gentes en los países capitalistas, en nacionales y extranjeros. Todos los obreros están aquí en su propia casa. El único extranjero es el burgués, ruso o de cualquiera otra procedencia.

—Ya lo sé —le respondo—. La legislación soviética así lo establece. Pero una cosa es la ley y otra la realidad.

María Schlossberg se detiene junto a una gran turbina, ante la cual está inclinado un obrero, observando el movimiento centrífugo del tambor central.

—Compañero —dice en francés María Schlossberg al obrero—, ¿de dónde eres?

El trabajador me mira y contesta también en francés:

—De Bremen.

—¿Es usted alemán? —le pregunto yo al obrero.

—Sí.

—¿Desde cuándo está usted en Rusia?

—Desde 1919, a raíz de la revolución alemana.

—Pero entonces ¿usted es extranjero?

—No, señor. En Rusia ningún obrero es extranjero.

—Es decir, ¿todos los obreros, aunque procedan de los cuatro puntos cardinales del globo, ejercen en Rusia los mismos derechos y las mismas obligaciones que los nacidos aquí?

—Los mismos derechos y las mismas obligaciones.

—Se lo pregunto desde el punto de vista de la vida estrictamente obrera del trabajador. Más claro: usted, alemán, ¿está situado ante el estatuto soviético del trabajo en idéntica posición que el ruso?

—Sí. En idéntica posición. Usted lo está viendo.

—¿Y para obtener trabajo?

—Para obtener trabajo, el Sóviet no tiene ninguna preferencia por los obreros rusos. Los de otras procedencias estamos en absoluto pie de igualdad que los de aquí.

María Schlossberg y yo continuamos avanzando entre las máquinas y los trabajadores.

—Como usted ve —me dice—, todos somos iguales en Rusia ante el trabajo. El único extranjero es el burgués, que se sustrae al sistema proletario del trabajo. Pero si se proletariza, cesa de ser extranjero y ejerce los mismos derechos y obligaciones de todo el proletariado. El derecho obrero está aquí realmente internacionalizado.

—¿Hay muchos obreros de procedencia extranjera en esta fábrica?

—Unos ciento cuarenta, entre los 3.500 obreros que integran la fábrica.

—¿Y en Moscú?

—Unos 15.000, sobre millón y medio de obreros que trabajan en Moscú.

—¿Y en cuanto al ejercicio del derecho civil en general de los obreros de procedencia extranjera?

—El derecho civil soviético está también totalmente internacionalizado. Para los efectos del matrimonio del obrero de origen extranjero, de su condición en la familia, etc. El derecho civil soviético no admite en este caso excepciones de ninguna especie. No solo el derecho civil está internacionalizado para todos los obreros, cualesquiera que fuesen los países de origen, sino también el derecho público. El sufragio es en Rusia realmente universal, con solo las restricciones para los burgueses, los sacerdotes y los que, pudiendo trabajar, no trabajan. El ocioso no puede elegir ni ser elegido. No tiene ciudadanía. En cambio, para los obreros, la ciudadanía es internacional.

—¿Existen en Rusia las restricciones del derecho electoral de los países capitalistas?

—Las mismas, más dos: la ociosidad y la filiación clasista reaccionaria del individuo. Están privados del derecho electoral, según esta última restricción, el nepman,[2] el kulak, los sacerdotes, los antiguos nobles, los industriales de las concesiones extranjeras y los técnicos no proletarizados. Ninguno de estos elementos ejerce funciones públicas en Rusia.

—¿Y el burgués extranjero? ¿Cuál es su situación en Rusia desde el punto de vista jurídico?

—La situación del burgués que viene de fuera es idéntica a la del burgués ruso. Como usted habrá visto ya, empezando por el coste de la vida, hay dos cifras: el coste de vida para el burgués —ruso o de fuera— y el coste de vida para el proletario, ruso también o de fuera. Jurídica y económicamente, los derechos del burgués son del todo diferentes a los del obrero.

En efecto. El coste de la vida para el burgués en Rusia es enorme. Una estadística reciente demuestra que la ciudad más cara del mundo es Moscú. Un hotel que, en Berlín o

2 Personas a las que permitido tener negocios a partir de la NEP (Nueva política económica). (N. del E.)

en Londres, costaría un rublo al día, en Moscú cuesta cinco rublos. Pero para el proletariado, el coste de la vida es verdaderamente ínfimo, *El Economist* de Londres, acaba de publicar un estudio comparativo del *standard of life* obrero en los principales países industriales del mundo, y de ese estudio resulta que hacia 1930, el salario real más equilibrado corresponde al trabajador soviético. Le siguen luego el del obrero norteamericano, y luego el inglés, el francés, el alemán y, en último término, el italiano.

—En resumen —le digo a María Schlossberg—, ¿la clase obrera es la que reina y goza de mejores condiciones en Rusia que la burguesía?

—Sí. El Sóviet está para eso. Para servir al campesinado y al proletariado por sobre todas las demás clases sociales.

—Lo que, en mi opinión, equivale a un régimen de excepciones y privilegios en favor de una clase y en mengua de las otras.

—Exactamente. El régimen soviético es un régimen de excepciones y privilegios de las clases trabajadoras sobre las demás clases. Es lo contrario de lo que pasa en los países capitalistas, donde impera un régimen de excepciones y privilegios en favor de la burguesía y en mengua del proletariado. Ahora, a usted le toca discernir cuál de los dos sistemas se acerca más a la justicia social: el que sirve y protege a los trabajadores que crean la riqueza colectiva, o el que sirve y protege a los que no la crean y solo se dedican a gozarla y despilfarrarla en el lujo, los refinamientos y los vicios.

III. La industria de estado y la explotación privada.
Concesiones extranjeras

Al director del Sindicato Comercial Textil de Moscú le pregunto cuáles son la estructura, mecanismo y fines de su organización y me dice:

—Nuestro Sindicato es una organización de Estado. Su capital, que es ahora de 36 millones de rublos, es del Estado. Su personal director, administrativo y profesional, está compuesto de funcionarios públicos. Su mecanismo está encauzado y dirigido por razones, intereses y conveniencias de Estado. No hay en él absolutamente ningún interés particular.[3]

—¿Esta misma composición y naturaleza estatal tienen los demás sindicatos soviéticos?

—La misma. Tal es la primera diferencia entre la idea de Sindicato industrial en régimen soviético y en régimen capitalista.

—Pero yo sé que hay en Rusia explotaciones extranjeras.

—Sí las hay. Estos Sindicatos extranjeros son libres de darse la estructura y composición internas que mejor les parezca. Son Sindicatos típicamente capitalistas.

—¿Entonces?

—Voy a explicárselo. Los Sindicatos o Empresas extranjeras que hay hoy en Rusia son de capital y composición burguesas, como los de cualquier otro país del mundo, pero

---

3   El sector socializado (estatal o colectivo) de la producción agrícola e industrial es, en 1930, de 56 %. El 85 % del trabajo asalariado se halla en los servicios colectivos. El 60 % de la renta nacional está, asimismo, socializada. El 50 % del trigo arrojado al mercado es colectivo. Por último, todo el comercio al por mayor y el 83 % del por menor, están en las manos de la colectividad. Como se ve, un promedio de más de la mitad de la economía nacional rusa se halla socializado.

sus actividades y manejos con relación al proletariado y a la sociedad soviética difieren de las Empresas que operan en los Estados Unidos, Inglaterra o Alemania. Las concesiones industriales extranjeras se sujetan aquí a una ley especial del Sóviet, según la cual los obreros de dichas empresas gozan de los mismos derechos que los obreros de los Sindicatos del Estado. Esta misma ley protege igualmente y defiende los intereses estatales, imponiendo a las empresas un contrato de concesión que, si bien es paritario y está exento de todo asomo expoliativo por parte del Gobierno, exige, sin embargo, una serie de obligaciones hacia el Estado que no existen en los países capitalistas. Mientras en Rusia las empresas extranjeras están sometidas, en el fondo, a las leyes e intereses del Sóviet, en la Gran Bretaña o en los Estados Unidos, por ejemplo, es más bien el Estado el que se somete a la voluntad omnímoda y a los intereses particulares de los Sindicatos industriales. Además, las concesiones en Rusia tienen un carácter momentáneo, provisorio. Ellas irán desapareciendo o restringiéndose a medida que la industria de Estado crece. Dentro del Plan Quinquenal vigente está prevista la limitación y supresión de muchas concesiones. A este efecto, los plazos de duración de los contratos son lo más cortos posibles, siendo del exclusivo derecho del Sóviet el rescindirlos o modificarlos según los intereses del país. En una palabra, frente a estas concesiones, el Estado es el que manda e impone condiciones con absoluta soberanía.

—¿Cómo funciona su Sindicato?

—Nuestro Sindicato compra los productos textiles a los Sindicatos de producción y luego los vende al por mayor a las cooperativas para su venta al por menor al público. De otra parte, compra y adquiere en el extranjero, o a los trusts de producción nacional, maquinaria textil que luego vende a los

Sindicatos fabricantes de tejidos. La dirección de nuestro Sindicato se sujeta en sus trabajos al Gosplan (Plan Quinquenal) de un lado, y de otro, a una serie de directivas y acuerdos que emanan, directa o indirectamente, de todos los demás focos de actividad económica del Sóviet, principiando por el Consejo Superior de Economía y el Comisariato del Comercio y terminando por los organismos obreros de nuestro propio Sindicato.

—En este giro comercial de su organización, ¿hay entonces ganancias y utilidades?

—Sí. Las hay, puesto que el Sindicato compra y vende, es decir, hace su comercio.

—¿A dónde van esas utilidades?

—Su inversión es múltiple. Una parte va al Estado en impuestos...

—Pero, ¿siendo el Sindicato del Estado, paga también impuestos?

—Naturalmente. El Sindicato es estatal, pero al mismo tiempo es un organismo independiente, en cierto modo, del Estado. Sus intereses, siendo del Estado, se objetivan respecto de éste para los efectos del orden y claridad en el engranaje integral de la Economía.

—¿Es una forma de monopolio del Estado?

—Como usted quiera.

—Pero entonces, permítame usted decirle que no puedo aún comprender el socialismo.

—Ya lo sé —me dice el director del Sindicato—. Desde todo punto de vista, la vida soviética es muy compleja en medio de su gran simplicidad. En las actividades comerciales y de producción, en las formas políticas, jurídicas, artísticas, hay una fisonomía procesal que no debemos olvidar, y es ésta: todas las disciplinas son de transición, de las capitalistas y feudales a las disciplinas socialistas, pasando por una inmensa diversidad deformas y de ensayos intermedios. Puedo decir a usted, con la franqueza propia del obrero revolucionario, que no tiene por qué ocultar los defectos, lacras, lagunas y vacilaciones de la obra colectiva, que dentro de la vida soviética coexisten actualmente las más atrasadas técnicas, con las más avanzadas y, si se quiere, inéditas aun en los mismos Estados Unidos. Parte de nuestras utilidades va, como le he dicho, al Estado. Otra parte va al aumento de salarios. Otra parte, a mejorar los métodos de producción. En fin, el Sindicato dedica una suma considerable al Seguro obrero, al fomento de escuelas preparatorias y técnicas, a campañas contra el alcoholismo, contra el analfabetismo, etc.[4] Todo, como ya he dicho, de acuerdo con el plan de conjunto; de la economía y la política soviéticas.

El director del Sindicato Textil discurre con una dialéctica precisa y rápida. Cuando se dispone a entrar en el terreno de la racionalización y otros temas relacionados con la producción en general, se lo agradezco, reservándome para tratarlos por separado, en sectores especialistas de estos ramos y, sobre todo, confrontando la teoría con la realidad.

---

4   Al estallar la revolución de Octubre había en Rusia un 65 % de analfabetos. En 1930 no quedan sino 37 %.

IV. Un sabio trata de suprimir la fatiga del trabajo. Racionalización socialista y racionalización capitalista

Una de las mejores impresiones que me ha sido dado experimentar en Rusia la tuve, seguramente, en el Instituto Central del Trabajo de Moscú. Probablemente existen en los Estados Unidos centros técnicos parecidos; pero, ateniéndome a los informes comparativos y documentos científicos procedentes del examen panorámico de la técnica mundial del trabajo, que se me mostró en aquel instituto ruso, dudo que ningún país capitalista haya llegado hasta ahora al grado de adelanto del Sóviet en este terreno.

El secretario científico del Instituto, Muravief, viste la blusa proletaria. Me hace recorrer todo el edificio, exaltando, respaldado de testimonios de expertos extranjeros, autorizados e imparciales, tales como el yanqui Henry Ford, la envergadura y el alcance técnico y revolucionario del Instituto.

—Los fines de la escuela —me dice— pueden reducirse a dos: el desarrollo científico de la técnica electromecánica y la preparación de los obreros para la aplicación y ejercicio de la técnica en el trabajo práctico. Ambos fines se compenetran y son inseparables. El progreso científico de la técnica no es posible sin los datos de la experiencia que procura la práctica de los métodos en vigencia, y, viceversa, éstos se estancarían de no ser constantemente renovados por los trabajos de estricto laboratorio. El Instituto prepara directamente obreros y, al propio tiempo, técnicos, especialistas e ingenieros destinados a dirigir los trabajos en las fábricas e instalaciones similares.[5]

5   El problema de los cuadros técnicos es uno de los más álgidos en Rusia. A medida que avanza la edificación socialista crece la desproporción entre el número de obreros y el de los técnicos. En este terreno, el Sóviet se halla en una clamorosa inferioridad respecto de los

—¿La dirección y el personal de profesores?

—El compañero Gastef, director del Instituto, y todos los profesores, son rusos. Muchos de ellos han hecho estudios técnicos en los Estados Unidos, en Alemania, Francia e Inglaterra. Además, muchos de los instructores han estudiado y trabajado, como obreros técnicos, en fábricas y talleres de Ford y de la «General Motors».

El local del Instituto es amplio y de tres pisos. Un compacto ruido de talleres y de máquinas en movimiento repercute por todas partes. Noto en todo una sencillez esquemática y geométrica: en el decorado, en la arquitectura del local, en los gestos y movimientos de los hombres. Aquí, más que en ninguna otra parte de Rusia, se advierte e impera la rapidez, la exactitud, la organización.

—¿Es éste el único establecimiento de su género en Rusia?

—Sí. Pero hay secciones y dependencias en provincias del mismo modelo y con los mismos ramos técnicos.

---

países capitalistas. Así, por ejemplo, mientras en Alemania la proporción de los técnicos y los obreros es de 2,2 % en 1926, en Rusia es de 0,01 %. Añádase la hostilidad clasista, franca o encubierta, de los técnicos e ingenieros hacia el proletariado ruso, y tendrá un cuadro aún más sombrío del problema. Para resolverlo cuanto antes, el Sóviet despliega esfuerzos, gigantescos. El Plan Quinquenal establece que a fines de 1932 Rusia dispondrá de ingenieros y técnicos en una proporción de 1,65 %, respecto de los obreros, y este aumento será realizado con personal rigurosamente proletario y campesino. Al efecto, funcionan hoy en Rusia 260 establecimientos de enseñanza, con un total de 75.000 estudiantes para ingenieros, y 527 escuelas para técnicos, con un alumnado de 81.009 estudiantes. Aparte de esta formación, el Sóviet sigue atrayendo un número creciente de ingenieros y técnicos extranjeros, al propio tiempo que envía numerosos estudiantes rusos a los países capitalistas más avanzados, para perfeccionar y confrontar sus estudios con los que se hacen afuera. El Instituto Central del Trabajo debe preparar de aquí hasta fin de 1932, 100.000 obreros calificados, por un presupuesto de 50 millones de rublos.

—¿Existía ese Instituto antes de la revolución?

—No. Es absolutamente nuevo. Se fundó en 1923.

—¿Sus secciones? ¿Su organización?

—En primer lugar, hay aquí un laboratorio bioquímico —me dice Muravief, haciéndome pasar a un compartimiento del local situado en el primer piso—. Va usted a conocer, precisamente, a sus directores, el sabio Golberg y la doctora Lepskaia.

Atravesamos dos piezas, en las que veo a varios profesores e ingenieros en pleno trabajo. Un hombre, de unos cincuenta años, también en blusa proletaria, viene a recibirnos. Habla perfectamente el francés.

—El doctor Golberg —me dice Muravief.

Una rápida conversación inicio con el sabio.

—¿Cuál es —le digo— el esfuerzo más importante de su laboratorio en estos momentos?

—La supresión de la fatiga.

La respuesta es impresionante. ¡Suprimir la fatiga en los hombres!

—¿Hay antecedentes de este empeño en algún país capitalista?

—Que nosotros lo sepamos, no. En los Estados Unidos, según nuestros informes, se ha intentado, después de la guerra, algo parecido; pero por respectos fraccionarios y con ocasión de otros problemas menudos de psicotécnica. El problema de la presión de la fatiga, en globo y como fórmula, no ya simplemente de orden económico, sino de orden biológico, lo hemos enunciado por la primera vez aquí, hace tres o cuatro años. Naturalmente, su solución depende directamente de los progresos que, en materia de metabolismo, se han conseguido en Alemania y, en cierta medida, en los Estados Unidos.

—¿Tiene usted fe en un resultado más o menos próximo y favorable?

—En cuestiones de laboratorio, estamos siempre en la víspera de todas las sorpresas. La ciencia, en mi concepto, se produce por sorpresas. Nada podemos aún prever. Por el instante, tenemos un primer resultado. Sabemos ya que el trabajo deforma los leucocitos, y que de esta deformación proviene, hasta nueva orden, la fatiga del obrero. En cuanto al método destinado a evitar o, más exactamente, a corregir de manera instantánea aquella deformación, no sabemos aún nada concreto. Lo tenemos actualmente en ensayo con algunos animales.

El doctor Golberg goza de un renombre mundial como biólogo y químico. Sus obras están traducidas a casi todos los idiomas. Su laboratorio, así como todas las demás secciones del Instituto, mantiene diaria y nutrida correspondencia técnica con los grandes laboratorios y talleres del extranjero. El doctor Golberg me dice:

—La ciencia es universal. Está hecha de solidaridad, más que ninguna otra actividad humana. Cuidamos, por eso, de seguir de cerca y cotidianamente lo que se hace y se descubre en los otros países. El capitalismo, por lo demás, nos ha dado y nos está dando aún las bases históricas, en general, del socialismo. Particularmente, mi laboratorio toma y tomará aún mucho de los sabios y técnicos norteamericanos.

—Pero ellos empiezan también a aprender mucho de ustedes.

—Ya lo creo —dice con firmeza la doctora Lepskaia—. No solamente hoy. Rusia ha tenido, aun durante el zarismo, grandes sabios y profesores.

Frecuentemente se oye en boca de las grandes figuras del Sóviet la misma voz leal para reconocer las buenas obras efectuadas por las clases sociales enemigas, de dentro o fuera de Rusia.

Muravief me invita luego a seguirle a los otros compartimientos y me dice, entrando a uno de éstos:

—Aquí tiene usted el laboratorio de metabolismo propiamente dicho, donde se llevan a cabo los análisis de las sustancias que se forman en el organismo del obrero durante el trabajo. Como usted ve, el laboratorio comunica con los talleres y las instalaciones electromecánicas por medio de tubos e hilos conductores, que sirven para recoger y traer la respiración, el aliento, la presión arterial, los menores movimientos y hasta el reposo y los gestos del trabajador. Es de este modo como se registran aquí todas las reacciones físicas, químicas y biológicas producidas por las diversas manipulaciones del obrero en su organismo. Así es como la ciencia forma su criterio relativo a las ventajas o desventajas que, desde el punto de vista de la economía de la energía humana, ofrecen los distintos métodos de trabajo. Con estos datos, de rigurosa exactitud científica, organiza después el sabio sus conclusiones en orden a una serie de problemas sobre la capacidad productiva media del trabajador, sobre su salud, el límite de sus fuerzas según su edad, las condiciones higiénicas favorables o nocivas a tales o cuales de sus ocupaciones, la necesidad de otro género de trabajo o de clima, etc. Todas las incógnitas psicofisiológicas que concurren a determinar, en gran parte, la totalidad de los sistemas de racionalización, solo pueden resolverse en este laboratorio. Más todavía. De sus experimentos dependen considerablemente los términos en que debe resolverse el problema de los sin trabajo...

—¿Todo esto se sabe y se trata también de ahondar y resolver en los centros industriales capitalistas?

—En muy pequeña medida y solo en los Estados Unidos. Ford ha empezado recientemente a prestar atención a todos estos estudios. Usted sabe que la racionalización fordista es la menos inhumana de los Estados Unidos. Sin embargo, su interés por proteger y conservar la salud de los obreros, y con la de ellos, la de la humanidad entera, está sofrenado por sus intereses patronales y, lo que es peor, por la esencia misma de la explotación capitalista, que descansa y está condicionada en la ruina del proletariado.

Las graves explicaciones de Muravief invitan, realmente, a terribles y complejas reflexiones.[6]

—Su laboratorio es, sin duda, de una gran belleza. Con todo, sus conclusiones han de exigir, para ser llevadas a la práctica en los vastos y crecientes dominios del trabajo en el país o en el mundo entero, el concurso de infinitos factores y, en particular, mucho dinero.

Muravief tiene una sonrisa cordial, respondiéndome:

—Todas esas dificultades desaparecen en un país donde todo el mundo está obligado a trabajar y donde la riqueza común, en vez de ir al bolsillo de unos cuantos, es aplicada a las obras y progresos de utilidad colectiva. Pero sigamos. Aquí tiene usted —continúa, pasando a otro compartimiento— el laboratorio fisiológico donde se registra, antes y des-

6 Las mortíferas condiciones de trabajo impuestas por la racionalización capitalista al proletariado, junto con la incesante reducción de los salarios, ha determinado en muchos países una gran curva descendente de su natalidad. Así, por ejemplo, mientras en Alemania la población aumenta el 7,9 %, en Inglaterra el 5,4, en Italia el 10,3 y en Francia el 1,3, en Rusia aumenta en un 23 %. El crecimiento anual de la población urbana era en 1927 de 5 %, cifra que supera a las más altas de los mejores tiempos demográficos de los Estados Unidos. A fines de 1932 la población proletaria habrá aumentado en Rusia en un 30 % de la población total. En los países capitalistas, la población disminuye en una progresión acelerada.

pués del trabajo del obrero, sus pulsaciones, su respiración y el análisis de la sangre. Este otro es el laboratorio colectivo, donde se registran las manipulaciones de todos los obreros de un taller. Después está el laboratorio de control de los objetos diversos, que se fabrican en los talleres, según el tiempo y las energías del hombre y de la máquina, empleados en su fabricación, teniendo en cuenta su composición química, su forma, su número, su peso, calidad, etc. Después vienen las bibliotecas de estudios técnicos en libros y revistas, particularmente yanquis y alemanas. Más tarde abandonamos la sección de investigación científica y pasamos al compartimiento de los obreros e instructores y a capacitados y formados, que se halla en la planta baja del local.

—Aquí tiene usted —me dice Muravief entrando a un amplio taller de mecánica— la aplicación práctica de la técnica, Los obreros están en pleno trabajo. Este es un taller modelo. El orden, la regularidad, la limpieza, la precisión, la velocidad, la alegría se reflejan en los obreros tanto como en las máquinas.

—Se han consultado aquí —me dice Muravief— todos los factores necesarios al éxito previsto por la teoría: la cantidad de luz, según el género de cada trabajo; el color del campo visual que abarca durante su labor cada obrero; la forma de la máquina y de los útiles que él maneja, así como del terreno donde se mueve; la hora en que trabaja; el reposo y el movimiento circular o angular, ascendente y descendente, del cuerpo y de cada extremidad del obrero, según su labor, etc. Como usted puede ver, hay varios obreros que ejecutan un mismo género de trabajo, a fin de obtener por comparación determinadas conclusiones o leyes psicotécnicas.

Un momento permanecemos en silencio, observando los múltiples trabajos del taller. Entonces empiezo a percibir auditivamente el elemento rítmico de las labores, en conjunto y aisladas, como si se tratase de los sones de una extraña orquesta de batería. Me acuerdo instantáneamente del *Paso de acero*, de Prokofiev; de las sonatas de Hindemith y de *Krasnancak*, de Glier. Es la misma música. La música del trabajo, regular, plástica, tubulada, a gajos, de una cadencia elíptica y de una monotonía bárbara y grandiosa. A veces, el ritmo hace un *grand-écart* entre dos corrientes de alta frecuencia. Otras veces se oyen algunas campanas en espacios caprichosos, asimétricos o chafándose entre sí, como un *jazz-band*. Luego se produce un arrebato de motores, martillos y pilones, que dura algunos minutos. Es entonces el *alegretto* de un oratorio hebreo de Milhaud.

—La campana que suena —me dice Muravief— da y sostiene la medida y duración de ciertos trances del trabajo. Una especie de aparato de relojería, movido por electricidad, determina el tiempo y el número de las campanadas. Pero esto no constituye todo el elemento musical del trabajo. Avancemos.

Al cabo de varios compartimientos empezamos a percibir en el fondo del local los sones de una orquesta. Es éste otro taller. Un espléndido cuarteto ejecuta, vertebrado por el ritmo metálico y epiléptico de las máquinas, un trozo del tártaro Igouvnof. Aquí ya hallamos desenvolvimiento melódico. La sinfonía es ahora completa.

—Se diría —observo a Muravief— que esto es un conservatorio y no un taller electromecánico.

—Acaso. No obstante, si sigue usted con atención meramente auditiva el conjunto sonoro, quizá su impresión sea contraria.

Durante unos minutos así lo hago. No. Esto no es en realidad un conservatorio. Ese ritmo de repetición y sincopado denuncia el torno, el émbolo, la fuga de poleas, el silbido de las transmisiones, el pulso de las máquinas.

—El elemento deportivo del trabajo se patentiza por separado en las salas de gimnasia. Pero le será, sin duda, mucho más interesante el proceso del aprendizaje del trabajo. Vamos subiendo de nuevo.

Al llegar a un vasto taller del tercer piso, Muravief me dice:

—Acabamos de ver a los obreros capacitados ya, trabajando. Ahora voy a tratar de hacerle ver aquí las diferentes etapas de trabajo de un aprendiz, según la industria a que se destina. En primer lugar, nuestros alumnos no deben pasar de cuarenta años de edad. En segundo, debe cada uno poseer las cualidades psicofisiológicas que requiere el oficio al que va a dedicarse. Por último, con un programa especial para cada trabajo, se le inicia en el aprendizaje. El principal propósito de nuestra enseñanza consiste en hacer lo más automático posible el trabajo, el cual debe ser ejecutado con el mínimum de raciocinio...

—Es decir, ¿ustedes tratan de convertir al hombre en un autómata, como en los Estados Unidos y demás países capitalistas?

—Sí. La técnica socialista del trabajo persigue eso que usted dice, y ya le diré por qué. Pero no es cierto que sea idéntico el caso de la técnica capitalista. Me explico. El taylorismo, perfeccionado por el fordismo —sistemas ambos los más avanzados del capitalismo— se basan en el régimen de la competencia. El fabricante vive con la constante preocupación de vencer a sus concurrentes, vendiendo más barato, con mejor material, etc. Para obtener estos resultados, no pierde tiempo en intensificar la productividad de su fábrica. Dos métodos, entre otros, le sirven para el caso: perfeccionar al infinito su maquinaria para producir más rápido y para reducir el número de sus obreros, y forzar a éstos a adaptarse continuamente a unos aparatos y a una técnica que cambian y se perfeccionan todos los días. El obrero, de esta manera, vive en un aprendizaje permanente. Su raciocinio no deja de intervenir en sus labores manuales. Lejos de hacer de él la técnica capitalista un autómata, como se cree vulgarmente, exacerba su vigilia cerebral, sus facultades de atención y conocimiento y su sensibilidad. Su pensamiento está obligado a trabajar más aún que sus manos. A la larga, viene la fatiga psíquica, el *surmenage* nervioso. El trabajo se le convierte en un suplicio. No hay organismo proletario que resista mucho tiempo a este régimen, y el destino del obrero tiene que acabar en el hospital o en un retiro obligado, como inepto y decrépito para los nuevos y cambiantes sistemas de trabajo. Los daños de semejante procedimiento son incalculables y de una gravedad que espanta. Explicarlos aquí sería salirnos de nuestro tema.

—¿Y la técnica socialista? ¿Según ustedes, el obrero debe mantener durante su trabajo la máxima independencia de su pensamiento y de su sensibilidad?

—Sí. El trabajador ha de ejecutar su labor del modo más automático posible. Sus actos deben realizarse por sí solos y no deben costarle ningún esfuerzo de raciocinio. La técnica socialista deja intacta e intocada la vida espiritual del trabajador. Mientras laboran sus manos, puede dedicar sus facultades intelectuales a lo que quiera: a soñar, a contemplar, a recordar, a afrontar, en fin, los grandes e íntimos problemas de su vida personal. Por lo demás —termina diciéndome Muravief—, la técnica capitalista conserva aún, en este punto, algo del trabajo manufacturero y hasta del artesanal, en los cuales el trabajador pone todas sus facultades físicas e intelectuales en su labor cotidiana. La diferencia está en que los poderes intelectuales en el artesano se ejercen libremente y siempre creando algo nuevo que depende casi por entero de él, mientras que el proletario capitalista los ejerce sometiéndolos a las fórmulas y procedimientos impuestos por las máquinas y no pone, en consecuencia, ninguna iniciativa creadora de su parte. El placer de inventar del artesano desaparece en el obrero capitalista.

—¿Qué otra distinción existe?...

—En el cronometraje. A medida que el trabajo es más automático, se ejecuta con mayor rapidez. La economía de tiempo es más considerable cuanto menos interviene el raciocinio en el trabajo. Esta es ya una verdad primaria.

—¿Y la racionalización? ¿Cómo la contempla el Sóviet?

—La racionalización, como usted lo sabe, es un fenómeno determinado por la naturaleza misma de la mecánica de producción. La máquina lleva en sí los gérmenes de su progreso y transformación incesantes. El devenir de la historia no exceptúa nada. Existe la dialéctica en las máquinas, como en los seres individuales o colectivos. Un aparato nace, evoluciona y pide ser transformado por otro, y éste por otro, y así sucesivamente. Uno de los fines de esta constante metamorfosis mecánica reside en aumentar la productividad de una maquinaria dada con el menor número de obreros.

—Es lo que ocurre en los países capitalistas.

—Exactamente. Y hasta aquí, la racionalización —aumento de productividad de la máquina con el menor número de obreros— se ajusta en régimen capitalista a leyes intrínsecas y justas de la dialéctica mecánica. En régimen socialista sucede lo propio. La racionalización en el trabajo soviético se desenvuelve, hasta este punto, paralelamente a lo que se hace en el trabajo norteamericano. Más a partir de aquí se produce una discrepancia rotunda y fundamental. La transformación de la maquinaria, en la técnica capitalista, es, como acabo de decir, desenfrenada. El apetito patronal de producir más y mejor en menos tiempo y gastando menos, para vencer así a sus concurrentes en el mercado mundial, lleva al fabricante a una carrera desatentada en materia de racionalización. Sus ingenieros y profesores no cesan de inventar nuevos aparatos. Una dramática competencia de racionalización se produce entre los fabricantes. El sistema es el siguiente: El aparato transformado o perfeccionado requiere, pongamos por caso, el 75 % únicamente de la energía humana empleada en el manejo del aparato anterior, es decir, que si este necesitaba antes de dos obreros, después no necesita más que de uno y tres cuartos de obrero. El fabricante, en vez de suprimir de los dos obreros en trabajo un cuarto de obrero, suprime, de hecho, un obrero y deja a cargo del nuevo aparato, tan solo un trabajador. Los resultados son, entre otros, los siguientes: Primero: Se ha doblado el esfuerzo del único trabajador que queda al servicio de la nueva máquina, pagándole el mismo salario que ganaba antes. Segundo: Este trabajador, al hacer ahora por dos o, más exactamente, por uno y tres cuartos de obrero, llega pronto a aniquilarse. Tercero: Este aniquilamiento si se trata de un aparato de seguridad, le impide, a la larga, vigilarlo debidamente, y una catástrofe o accidente es inevitable. La mayoría de las catástrofes mineras, de transportes, tienen aquí su causa. Cuarto: El obrero así racionalizado agota al poco tiempo todas sus energías y, joven aún, se ve incapacitado para trabajar, enferma y muere en la miseria. Quinto: El obrero eliminado del trabajo por el perfeccionamiento de la máquina va a engrosar el ejército de desocupados y, como todos éstos, sucumbe en la miseria. Sexto: Como el patrón no solo quiere que la nueva máquina fabrique mil automóviles, por ejemplo, al mes con cien obreros, en vez de fabricarlos con doscientos, sino que quiere que ella fabrique mil doscientos automóviles al mes, la producción aumenta entonces con tal velocidad, que llega a agotar la capacidad adquisitiva del mercado. Al poco tiempo, las fábricas inundan el mercado con sus productos y los stocks quedan sin compradores. La superproducción se detiene solo entonces, a partir de ese momento, la maniobra se encauza a parar la marca del mercado, desatada por él y sus contrincantes. Con frecuencia, como ocurre ahora, los reyes de la industria llegan tarde a esta tarea, cuando el stockage ha empezado ya a aplastarlos bajo su peso. Así empiezan las grandes crisis económicas mundiales. El ejército de desocupados y la superproducción son actualmente los dos males de fondo de la crisis. Pero los fabricantes siguen ganando...

—¿Y en la racionalización socialista?

—En la racionalización socialista no ocurre nada de esto. Se trata aquí de un proceso de transformación mecánica racional, sin apuro y con una cesura impuesta, no ya por la gana o el apetito de nadie en particular, sino por las necesidades reales y armoniosas de la colectividad. En régimen socialista, nadie quiere vencer a nadie en competencias del mercado. Si la economía de obreros de una máquina es en realidad como 25 %, a nadie le interesa reducir estos obreros en un número mayor. Por el contrario, el interés colectivo impone proteger y aumentar, de un lado, las energías de los obreros que quedan al servicio de la máquina,[7] y de otro lado, disminuir el número de los sin trabajo. De aquí que la vida y la salud del proletariado soviético no sufren en nada con la racionalización, y que los desocupados han desaparecido

[7] La productividad del obrero por la racionalización socialista alcanzará, al terminar el Plan Quinquenal, a 110 % respecto de la actual.

totalmente en Rusia, donde, por el contrario, han empezado a faltar obreros. Por último, la racionalización socialista
obedece a un plan sintético y coordinado de producción de
todas las ramas industriales. El interés colectivo contempla
todas las necesidades sociales y no una sola. Cuando un producto ha llegado ya a satisfacer más o menos las necesidades
colectivas, la racionalización de su fabricación prosigue *au
relenti*, pasando las energías e iniciativa a la racionalización
en otra rama industrial cuyos productos hay que aumentar.
No hay lugar entonces a stockage ni a ninguna otra crisis de
superproducción. Toda la producción se ajusta, en cantidad
y calidad, a las necesidades sociales del momento. En otros
términos: el consumo está en perfecto equilibrio con la producción.

Otros tantos aspectos correlativos de la técnica del trabajo
en el Sóviet los veo y los registro al día siguiente en el Museo
de Protección del Trabajo.

V. Régimen de salarios. «Plusvalía» capitalista y «plusvalía soviética». Standard de vida y salario real

Ninguno de los sistemas de salario usuales en régimen capitalista corresponde al que se observa en Rusia. Ni el salario por horas de trabajo, ni el régimen de primas, ni el mixto, tan recomendado por Ford. El motivo reside en la diferencia de los métodos seguidos en el mundo burgués y en el soviético para establecer el valor del trabajo. La diferencia de estos métodos, por otra parte, constituye una de las expresiones más esenciales y características de cada una de estas economías. Los sistemas de salario varían de la una a la otra porque la voluntad y el interés que los establecen no son idénticos. Y no lo son ni por su origen ni por su dirección histórica. En el capitalismo, esta voluntad y este interés son de origen individual y tienden al aumento de la plusvalía o sea al aumento de la propiedad privada. En la economía soviética, la voluntad y el interés que presiden el establecimiento de los diversos métodos determinantes, a su vez, del valor del trabajo, son de origen colectivo y tienden al aumento del bienestar y la riqueza comunes. Tal es el profundo abismo que separa la tabla de salarios soviéticos de la de los salarios yanquis, verbigracia. Esto es muy importante no olvidarlo, para evitar las confusiones, trampas y sofismas que los profesores y patronos capitalistas suscitan en su favor cada vez que se equiparan los salarios de uno y otro proletariado.

El profesor ruso Tiarof, de la Academia de Ciencias Sociales de Moscú, me ha hecho, a este propósito, explicaciones muy interesantes, que yo trato de transcribir aquí del modo más claro y menos técnico posible.

—A primera vista —empieza diciéndome el profesor Tiarof— se diría que el sistema de nuestros salarios no difiere del sistema clásico y corriente que se observa, desde los comienzos del capitalismo, en casi todos los países industriales, como la Gran Bretaña, Alemania, Francia, etc. Hasta podría creerse que, en este terreno, no hemos llegado aún al famoso régimen de primas, tan extendido en los Estados Unidos, y cuyo apogeo declina con la «revolución» fordista de los salarios. Me refiero al sistema del salario por horas de trabajo simple, que es el que predomina en nuestra economía. Pero quienes así discurren, operan desde una posición empírica y no tienen para nada en cuenta las relaciones sociales entre el capital y el trabajo, que está en la base de todo salario. Ignoran o fingen ignorar un cúmulo de factores descubiertos por Marx en el modo de producción capitalista, y cuyo examen es indispensable para todo estudio comparativo de los salarios. «El trabajo es la única fuente de toda riqueza y de todo valor —dice Engels—. Por consiguiente, cabe preguntarse: ¿por qué el asalariado no recibe todo el valor producido por su trabajo, abandonando una parte de él al capitalista?» Pues bien, en los distintos sistemas de salarios capitalistas, esa parte del valor producido por el trabajo del asalariado, queda siempre para el patrón, en proporciones variables; pero en aumento continuo. Al sistema de salarios mixto —trabajo a la cadena y régimen de primas— de los talleres Ford, corresponde el «honor» de haber acrecentado esa parte del valor producido por el trabajo del asalariado y abandonado al patrón, o sea la plusvalía, a su máxima proporción.

—¿Y en la economía soviética?

—Aquí el asalariado tampoco recibe todo el valor producido por su trabajo. En la economía soviética, el obrero abandona también una parte del valor producido por su trabajo. Pero lo abandona a la colectividad, de la que forma parte él mismo, y no a uno o varios individuos. La plusvalía entre nosotros existe, pero ella no está destinada a la acumulación del capital privado, sino a la acumulación del capital social. La sociedad soviética no es aún socialista, y mientras haya un Estado, existirá un sujeto del derecho de propiedad colectiva, encargado de administrar, por vías más o menos legales y coercibles, los negocios colectivos. Y es a las manos del Estado, encarnación genuina de los intereses comunes, que va a parar la plusvalía procedente del trabajo del asalariado. De ellas sale luego con destino al incremento del bienestar común.

El profesor Tiarof hace una pausa y, como nota que aún no acabo de ver claro en sus explicaciones respecto a los salarios, añade, tratando de ser lo más preciso posible:

—Sentadas estas primeras consideraciones de orden general, vamos a lo de los salarios. Dado que la plusvalía soviética sirve a la acumulación socialista, nadie en particular está interesado ni quiere reducir arbitrariamente los salarios, a fin de quedarse con un provecho mayor derivado de esa reducción. La colectividad, de empeñarse en aumentar a la fuerza la plusvalía común, cometería un acto de suicidio colectivo. La acumulación socialista del capital se hace por los obreros, a costa de los obreros y en favor de los obreros. Es un simple acto de ahorro colectivo, mientras que la acumulación capitalista constituye la expropiación del interés de una clase social en favor de otra clase, la explotación de la mayoría trabajadora en favor de unos cuantos parásitos. En el régimen soviético impera, por eso, un sistema de salarios establecido por los propios asalariados, y sus variaciones, aumentativas o disminutivas, se inspiran en los intereses también de los asalariados. El valor del trabajo depende, de esta manera, únicamente de las oscilaciones del interés social y no del apetito y la codicia de un particular. No es racional suponer que el proletariado va a imponerse a sí mismo, caprichosamente y por puro deporte ayunativo, salarios irrisorios, cuando el estado de la economía social permite, por el contrario, salarios superiores.[8] ¿Quién en particular saldría ganando de semejante yugo de miseria? Nadie: En el orden capitalista sí. Ahí hay dos clases sociales: los patronos y los proletarios, cada cual con intereses diversos y encontrados. La escala de salarios constituye uno de los campos de batalla entre ambos intereses. Si los salarios son bajos, hay alguien que sale de ello ganando: los patronos.

De otro lado —me dice el profesor Tiarof—, no se puede hablar de salarios sin usar términos más específicos, que corresponden a ideas igualmente específicas, como son las de salario real y standard de vida o precio medio de la vida. Nuestra situación económica actual nos ha permitido cerrar casi totalmente la tijera formada por el salario real y el precio de la vida, estableciendo entre ambos términos un equilibrio sólido y perpetuo. En Rusia, la solución entre las necesidades de la acumulación socialista y las necesidades de vida del trabajador solo es posible partiendo, en primer lugar, de la satisfacción de estas últimas. Solo cuando ya se ha equilibrado el precio de la vida con el salario real, solo entonces se empieza a pensar en la plusvalía socialista. Primero se subsiste, después se ahorra. Durante largos años no se ocupó el Sóviet sino de que el proletariado subsista, y solo tras de penosos esfuerzos ha empezado a capitalizar y a desarrollar su economía. Mas lo propio no sucede en los países capitalistas. Ahí la tijera formada por el salario real y el precio de la vida se abre cada vez más, ahondando el abismo que hay

8   De 1924 a 1927, los salarios en los Estados Unidos han aumentado en un 3 %; en los demás países capitalistas no han hecho más que bajar. En cambio, en Rusia, y en el mismo período de tiempo, el salario real ha aumentado el 125 %.

entre el uno y el otro. Ahí se invierten los términos: primero el patrón ahorra y después subsiste el trabajador. O lo que es lo mismo: para que los patronos puedan incrementar sus caudales, matan de hambre al proletariado. Ahí la solución entre las necesidades de la acumulación capitalista y las necesidades de existencia del trabajador solo es posible partiendo preferencialmente de la satisfacción de las primeras. Los patronos buscan, al parecer, el equilibrio efectivo entre el precio de la vida y el salario real; pero, en realidad, lo evitan. Esta diferencia entre el salario real y el precio de la existencia del obrero, es la que Marx designa con el nombre de plusvalía simple, para distinguirla de la plusvalía compuesta, que representa el total de las utilidades del patrón, comprendidos los provechos derivados de la racionalización, del aumento de las horas de trabajo sobre las estrictas que el obrero necesita laborar para ganarse lo justo para vivir; del trabajo de los niños y las mujeres, etc.

—¿Cuánto gana, por término medio, la mano de obra en Rusia?

—Alrededor de dos rublos al día.

—¿Y los obreros técnicos?

—Cinco rublos.

—¿Y un ingeniero?

—Ocho rublos, en promedio.

Me falta —pienso para mí— enterarme de cómo se realiza ese equilibrio entre los salarios y el coste de la vida en el Sóviet. Doy gracias al profesor Tiarof por sus valiosas declaraciones, y me encamino a una instalación metalúrgica de los alrededores de Moscú, Son los obreros ahora los que tienen la palabra.

VI. Jerarquía económica. El «standard of life» soviético. Supresión del ahorro individual. Solo ahorra el estado. ¿Lo justo para no morir? ¡Lo justo para ser dichoso!

Al noroeste de Moscú, la campiña aparece cenagosa. Entre una vegetación raquítica se yerguen sobre el terreno llano numerosas construcciones nuevas, de un estilo mixto, entre oriental y germano. Varias fábricas lanzan al cielo otoñal sus altas humaredas amarillas. La instalación metalúrgica a la que nos dirigimos es un inmenso conglomerado de techos y compartimientos.

El director de la instalación, un ingeniero suizo, Neicheller, se digna ponerme inmediatamente en contacto con la masa de obreros que aquí trabajan. Advierto, de paso por las diversas secciones del local, que la maquinaria es en gran parte vieja y gastada, aparte de ser de tipo muy atrasado. Ella corresponde a la época zarista, y es fabricación alemana, y en muy breve proporción, francesa. Prueba es ésta de que, por mucha que fuese la influencia política y financiera de Francia en Rusia antes de la revolución, le fue difícil, sin duda, a la alta burguesía rusa sustraerse al imperialismo industrial alemán, superior a la sazón al de París. Las leyes de producción económica, esta vez como siempre, podían más que las políticas y financieras. Por debajo de la diplomacia francófila de Nicolás II y su pandilla cortesana, las profundas necesidades económicas del país sufrían subterráneamente la infiltración, sorda, pero ineluctable, de la exuberante savia industrial teutona. Rusia era un país de industria pesada. Francia, país sobre todo de industria ligera, no podía suministrar una técnica apropiada al género de la producción rusa. ¿Qué podía hacer en este caso la política zarista? Los bancos de París podían ciertamente prestarle todo el capital que pedía, pero no la maquinaria reclamada por la clase de producción de base del país. La vida industrial tiene sus necesidades que le son propias e independientes de la vida política, y no es, por consiguiente, a aquella que sigue el curso de ésta, sino al contrario, es la vida industrial la que imprime dirección a la política. De aquí que nada habría tenido de extraño que, de no producirse la guerra europea, la política rusa hubiese, a la larga o de golpe, cambiado de frente, rompiendo la Triple Entente para ponerse al lado o a las órdenes de Berlín. A ello le habrían forzado y le estaban ya encaminando las necesidades de producción industrial propias y peculiares de Rusia. No hay que olvidar, de otro lado, que entre el mundo financiero y el mundo industrial o, en otros términos, entre el capital financiero y el capital industrial, rigen relaciones muy variables. A veces la influencia financiera sobre un país va unida a la influencia industrial, y esto ocurre lo más a menudo. Tal sucede hoy con el imperialismo yanqui en el mundo entero. Pero otras veces, ambas influencias van separadas, como en el caso de Francia y Alemania en Rusia antes de la guerra. Esto, a primera vista, parece inadmisible en teoría, dado que la actividad financiera, con todas sus altas y bajas, depende casi siempre de la actividad industrial. No obstante, es una realidad más frecuente de lo que parece. Y es que la zona de influencia tiene sus necesidades propias y no presta ni recibe de fuera sino lo que en tal o cual momento conviene a su estado económico. Puede acontecer que el país prestamista de capital financiero cultive un género de producción distinto al del país prestatario, que está condicionado por la naturaleza o por remotos factores históricos de su economía que no es dable contrariar. La zona o país de influencia recibe entonces de otro imperialismo la dirección y técnica industriales que necesita como adecuadas a su economía. Se da en este caso el hecho de una zona de influencia acaparada simultáneamente por dos imperialismos: el imperialismo financiero y el imperialismo industrial. La economía internacional ofrece a menudo el espectáculo del reparto entre dos o más imperialismos, de diversa naturaleza, de un mismo país colonizado. Tal ocurre con América Latina y China, zonas en que la Gran Bretaña domina en un aspecto económico, los Estados Unidos en otro y Francia en otro.

Entramos en un vasto taller de fundición. Me hallo entonces en medio de una muchedumbre de obreros en pleno trabajo. Neicheller se despide y me deja solo entre los trabajadores, acompañado de una señora, que es mi intérprete, y a la que pago por mi exclusiva cuenta sus honorarios. Esta mujer sirve a maravilla el carácter imparcial que me propongo dar a mi reportaje, por la sencilla razón de ser una sobreviviente de la burguesía zarista, recalcitrante al régimen soviético. De otra parte, no sabe ocultar su hostilidad al régimen, y me es en consecuencia fácil darme cuenta de cuando tergiversa las cosas y de cuando me transcribe literalmente la verdad. Tomo de su intervención solamente lo que, en mi concepto, debo tomar, separando sin dificultad el elemento de opinión personal que ella pone en sus versiones, del fondo objetivo de las mismas.

A un grupo de obreros que trabajan al pie de una grúa en el transporte de metal candente, les pregunto:

—¿No tienen ustedes otro medio de transportar el metal candente?

Porque el medio con que ellos lo hacen es completamente primitivo. Reciben entre cuatro hombres el enorme bloque candente, al rojo oscuro, y lo llevan en brazos a depositar en una plataforma, situada a unos ocho o diez metros de distancia. Para ello se sirven los obreros de unos trapos empapados en agua.

—No. No tenemos otro medio de hacerlo.

—¿Pero no saben ustedes que en el extranjero hay instalaciones especiales que con solo tocar un botón realizan por sí solas el mismo trabajo?

—Sí. Lo sabemos. Pero nosotros no disponemos de ellas en todas las fundiciones.

—¿Y por qué no en todas?

—Porque hay que comprarlas en el extranjero o fabricarlas en Rusia, y el Sóviet no tiene aún capitales suficientes para perfeccionar todos nuestros métodos de trabajo. Ya se hará poco a poco.[9]

Los obreros rusos ponen en su trabajo una abnegación que conmueve y una esperanza exultante. La mayoría de ellos están enterados de que no todas las formas de trabajo de los Sóviets son las más avanzadas del mundo, y que, lejos de eso, el obrero ruso penará por algún tiempo, hasta igualar, en materia de confort en el trabajo, al obrero capitalista. De ello tienen perfecta conciencia. Pero tampoco ignoran la causa de estos defectos y lagunas de la técnica soviética, cual es la deficiencia actual y pasajera de capitales. De aquí que ellos soporten esas dificultades alegremente, con la confianza y la fe en que ellas no son sino momentáneas.

—Ya sabemos —me dicen— que nuestros hermanos del extranjero, particularmente de los países imperialistas, están en muchas cosas mejor que los trabajadores del Sóviet. Tanto mejor. Esto nos da un gran contento. Pero ya los igualaremos. Nuestros esfuerzos son aún más penosos. Esto es inevitable.

---

9   «La pujanza actual de la economía rusa —dice Grinko— no se basa tanto en la técnica, que es en realidad muy débil todavía, sino en las nuevas bases sociales de la producción.»

Antes que vivir confortablemente, pero en una situación económica precaria e incierta para el porvenir —paradoja en la que viven, por desgracia, muchas sociedades, como muchos individuos—, nosotros hacemos lo contrario: primero queremos crearnos y afianzar una situación económica seria y sólida para el porvenir y el resto —confort, abundancia— vendrá después.

—Pero —les arguyo— una técnica más moderna no es cuestión de confort ni de abundancia, sino un medio precisamente de crearse y consolidar esa situación económica a la que ustedes aluden.

—Lo comprendemos. El Sóviet no hace otra cosa. Ha renovado hasta ahora en un 70 % los métodos de producción en Rusia. Lo que tenía que hacer en esta esfera era inmenso. Nada, pues, de extraño que aún quede de ello mucho por hacer.

Uno de los obreros es designado por los otros para responder a mis preguntas. Como él ha tocado el punto concerniente al bienestar y confort de la vida en Rusia, entramos justamente a la materia que me traía aquí, y le digo:

—¿Cuántas horas diarias trabaja usted?

—Siete horas al día.[10]

—¿Cuánto gana usted?

—Dos rublos cincuenta diarios.

—¿Qué clase de trabajo ejecuta?

10 La duración media en la actual semana de cuatro días de labor y uno de reposo, del trabajo obrero, al día, es de siete horas y dos minutos. En 1932, ella será de seis horas y ocho minutos aproximadamente. La jornada de trabajo, por el momento, es de dos horas y dieciocho minutos más corta que la jornada anterior a la revolución. El 40 % del proletariado ruso tiene la jornada de siete horas, y el resto la de ocho horas. A fines de este año de 1931 se implantará la jornada de seis horas en ciertos trabajos y la de siete para los que la hacen hoy en ocho.

—El que usted está viendo: el transporte de metal candente.

—¿Es un trabajo, según parece, difícil o al menos peligroso?

—Difícil, no. Peligroso, tampoco. Lo único que puede pasar, en el peor de los casos, es resbalar de nuestros brazos la masa de metal y precipitarse al suelo. Pero eso no acarrea ningún riesgo. Estamos ya habituados a cuidar los pies. Prueba de ello es que nunca, en un año que trabajo aquí, ha sufrido nadie el menor accidente.

—¿Su salario le basta para vivir?

—Lo suficiente. Mi vida es sobria, como la de todos mis compañeros, como la del mundo entero en Rusia. El Sóviet establece los salarios según las necesidades reales y racionales del proletario. Es el Estado el que crea y dosifica esas necesidades, conforme a las posibilidades económicas de que dispone para fijar los salarios. Correlativamente, es él también quien fija estos salarios, según aquellas necesidades. Como el Sóviet tiene en sus manos la llave de este circuito, la ajusta y la abre según un golpe de vista global de la economía del país.

—¿Y ustedes creen que el Sóviet no yerra o tropieza con insalvables dificultades en este mecanismo regulador, de soberanía y libertad aparentes, pero sujeto, en realidad, a innumerables influencias y reacciones extrañas?

—El Sóviet, naturalmente, puede equivocarse y tropezar con dificultades extrañas a su buena voluntad. Mas, puestas las cosas en este terreno, la cuestión pierde su carácter científico y caemos en el mundo de lo probable. A lo más, lo que cabe hacer en ambos casos es reparar el error ya cometido o tratar de vencer lo que es vencible. Las cosas, como usted ve, pasan entonces al dominio silogístico o puramente verbal.

Por lo visto, el obrero que tengo ante mí es un bolchevique, o al menos uno del cogollo de los trabajadores rusos. Dejo, pues, de lado el terreno de lo probable —como él lo llama— y le pregunto categóricamente:

—¿Qué entienden ustedes por vida sobria?

—La satisfacción de las necesidades primarias de la existencia, sin excesos ni privaciones. Nada de superfluo. Nada de lujo. Nada de fantasías ni refinamientos inútiles y propios de regoldantes estragados y de ociosos decadentes. Lo justo solamente, lo imprescindible; en una palabra, lo natural, lo sano.

—¿Quiere usted decir «lo justo para no morirse»?

—No. Lo justo para ser dichoso. Con el salario que yo gano me basta para alimentarme, para pagar mi casa, vestirme, ir a los espectáculos y costearme algunos libros, periódicos, pequeños viajes y paseos.

—¿Tiene usted familia?

—Sí. Mi compañera y un hijo.

—¿Y quién los mantiene?

—Mi compañera trabaja en una papelería del Gossizdat (editorial del Estado), y gana lo suficiente para vivir. En cuanto a nuestro hijo, que tiene apenas tres años, el Estado se ocupa de él.

—¿Qué relación económica existe entre usted y su compañera?

—Ninguna. Como ni ella ni yo somos propietarios, la cuestión es muy sencilla. Eso no quita que, dentro de nuestra economía diaria, no haya una libre y espontánea comunidad de bienes. Pero la ley no nos obliga a nada.

—¿Y en caso de enfermedad de uno de ustedes? ¿En caso de falta de trabajo?

—Es el Estado quien lo paga todo.

—¿Dónde come usted?

—En la Cooperativa, como todo el mundo.

—¿En el mismo restorán que los que ganan más que usted?

—En el mismo.

—¿Y come usted lo mismo y por el mismo precio?

—No. El menú y los precios varían. Los que ganan más comen mejor, pero pagan más caro.

—¿Un obrero técnico o un ingeniero, que ganan cinco o siete rublos al día, viven, por consiguiente, en mejores condiciones que usted?

—Sí. Porque saben y trabajan más que yo. Cuando yo llegue a prestar servicios idénticos o equivalentes, viviré también como ellos. El bienestar individual en Rusia está en proporción con el trabajo y la productividad de cada uno.

—Pero si usted no dispone ahora de mejores aptitudes, no creo que esto sea culpa suya para merecer un grado de vida inferior al de otro obrero.

—Si no es mía la culpa de ser menos apto que otros obreros, tampoco lo es de éstos para rebajarles sus salarios hasta igualarlos con el mío. Las necesidades de los obreros mejor capacitados son, por otra parte, más elevadas, y cuesta el satisfacerlas mucho más que las mías. Un ingeniero lleva un régimen de vida diverso al de un simple mano de obra, porque lo que hace en el trabajo es también diferente. Trabaja por la noche, estudia fuera de las horas de la fábrica, etc. Su alimentación, su alojamiento deben ser, por eso, más esmerados, y, lógicamente, más caros.

—En resumidas cuentas, ¿todos gastan todo lo que ganan?

—Aproximadamente.

—¿Nadie puede ahorrar ni formar, poco a poco, una pequeña reserva económica para el porvenir?

—¿Ahorrar? Esta palabra no existe en el Sóviet. Ningún individuo puede ni quiere ahorrar. Solo el Estado es el que ahorra.

—¿Y cuando se llega a viejo o se cae enfermo?

—Es el Estado el que, en todos estos casos, se ocupa del trabajador —proletario o ingeniero— enfermo o viejo.

—Pero volviendo a lo de los salarios: ¿qué diferencia subsiste entre el de un técnico y el de un mano de obra, si al fin y al cabo la vida les cuesta a ambos todo lo que ganan?

—La diferencia está en que, mientras el simple mano de obra disfruta de una existencia inferior, el técnico vive mejor.

—No veo, francamente, en qué sentido viva el técnico mejor, puesto que no hace sino satisfacer necesidades intrínsecamente entrañadas e inseparables del rol de su trabajo y de sus obligaciones.

—Eso es, precisamente, lo que en Rusia se entiende por vivir mejor: la correlación, correspondencia y equilibrio entre las necesidades propias y naturales del trabajo de un individuo y los medios de que dispone para satisfacerlas. A nadie se le paga sino lo justo para satisfacer las necesidades peculiares al género de sus ocupaciones, y de nadie se exige mayor trabajo que el que le permiten efectuar los medios económicos de que dispone para vivir.

—¿Y de qué manera puede comprobarse ese equilibrio de que habla usted?

—Examinando la salud del trabajador fisiológica y psicológicamente. Si su salud es normal, el equilibrio es perfecto. Hablo suponiendo que la existencia y el trabajo del obrero se desarrollen dentro de un orden normal, sin desmanes ni accidentes.

El obrero que así me habla tendrá unos veinticuatro años. Es robusto sin adiposidad. Su mirada es clara, alegre. Su gesto y sus maneras, firmes y confiadas. Un tanto sanguíneo más bien. El talle deportivo, pero armonioso. Respira y habla a sus anchas. Muestra una seriedad casi rural por lo mansa, y casi mecánica por lo lineal y vertebrada.

VII. Los trabajos y los placeres

Sin duda, la vida de solaz y distracciones de Moscú, como gran parte de la vida rusa de hoy, difiere notablemente de la de París, de Londres, de Roma, de Berlín. No hay en Rusia cabarets, ni cafés, ni recepciones sociales, en fin, nada de lo que entre nosotros se llama vida mundana: visitas, bailes, tertulias, partidas de póker, de ajedrez.[11]

No hace mucho tiempo dije que, en el fondo, la vida ciudadana de Moscú no se diferenciaba de la de París. Desde un punto de vista universal y humano, no anda acaso errada esta afirmación, bajo un examen profundo de los profundos estratos históricos de la vida ciudadana. Hay niveles y alturas en las construcciones de la historia que, una vez que han alcanzado una mayor edad universal, su justa madurez de duración, devienen permanentes y comunes a todos los pisos y transformaciones de pisos que vengan después. De cierto nivel para arriba —suponiendo que el movimiento de la vida se opere verticalmente y subiendo—, ya pueden sobrevenir los ensayos y revoluciones que se quiera, sin que nada de esto transforme o eche abajo aquel nivel fundamental. Las leyes de resistencia en arquitectura se aplican tal vez enteramente a las edificaciones sociales. Del suelo para arriba, pueden cambiar y ensayarse todos los estilos de construcción —desde la caverna primitiva hasta el rascacielos moderno—, pero ningún ensayo ni revolución arquitectónica pueden echar

11 Se tiene un gran desprecio por el *jazz-band* y, en general, por todos los bailes llamados de salón. Sin embargo, en el Hotel Europa, de Leningrado, y en el Gran Hotel, de Moscú, las orquestas tocan música de «dancing» para regalo de los turistas. El Sóviet no solo no quebranta con esto la regla revolucionaria, sino que la sirve, atrayendo el turismo a Rusia, fuente de ingresos y vía de conocimiento de la revolución por los extranjeros.

abajo o hacer desaparecer el suelo, El movimiento dialéctico de Marx no resulta aquí burlado. El devenir de la historia consiste en la transformación de un orden social respecto del orden social que le precede, y no respecto del que le sigue o va a venir. El suelo, en arquitectura, no está evidentemente inmóvil, sino que se mueve y cambia; pero cambia y se mueve respecto del subsuelo y no respecto de la atmósfera ni de lo que se hace en la atmósfera. Desde este punto de vista, puede asegurarse que la vida ciudadana de Moscú no difiere de la de París ni de las otras capitales burguesas.

Cuando se ven ambos géneros de vida desde una posición más externa y contingente —tal la vida de solaz y distracción de que hablamos—, entonces sí descubrimos radicales oposiciones.

Nada de lo que en París es solaz o distracción ciudadana existe en Moscú. En un orden social nuevo, como el soviético, donde los trabajos y los placeres no se alternan, sino que transcurren simultáneamente (se trabaja siempre con placer y se distrae siempre con utilidad), es difícil saber, de una manera precisa, cuándo la ciudad trabaja y no se divierte y cuándo se divierte y no trabaja. Los lugares destinados exclusivamente a la diversión y los destinados exclusivamente al trabajo, no son fáciles de distinguir en Moscú. En la fábrica y en el taller, en la oficina y en la escuela se desenvuelve el trabajo de modo tan confortable, armonioso y espontáneo, y tan penetrado del trance propiamente deportivo del esfuerzo, que no sabe uno si los obreros están trabajando o si están divirtiéndose. En el teatro, en el club y en el estadio, bullen en el fondo de cada acto y de cada movimiento un esfuerzo tan serio y un empeño tan vigilante de creación colectiva, que tampoco sabe uno si la reunión está divirtiéndose o si está trabajando. Aun en los grandes días feriados, cuando el esfuerzo proletario toma formas cívicas y militantes de calle, el regocijo continúa siendo creador. El día del aniversario de la revolución de Octubre, por ejemplo, las masas desfilan cantando temas revolucionarios de batalla militar y de taller, de campo y de cultura, y aclamando los grandes empeños e imágenes socialistas. En suma, ningún placer sin esfuerzo creador; ningún esfuerzo sin placer creador.

En París y en las demás urbes capitalistas, la sociedad ha trazado y mantiene una línea profunda de separación entre los placeres y los trabajos, entre los lugares de diversión y los de labor. En ciertos focos ciudadanos y a ciertas horas o días, solo es posible el solaz exclusivo y sin mezcla de trabajo creador. En otros núcleos y en otros momentos, solo es posible el trabajo, con exclusión absoluta del placer. Un hombre que fuese a Montmartre y se sentase a la mesa de un cabaret a resolver una fórmula industrial o a martillar un lingote de acero, pasaría por loco. En idéntico estado se le creería si fuera a un gabinete de la Academia de Ciencias y se pusiera a bailar un tango ante los severos sabios de la cofradía. En la sociedad capitalista, el trabajo y el placer se excluyen recípro- camente, negándose el uno al otro en todos los ritmos de la vida, en vez de ser el un complemento inseparable y sincróni- co del otro. Vanos son los ideales y doctrinas que en contra de este absurdo vienen inventando y propalando pedagogos y legisladores. Aquí, como en los otros problemas sociales, una cosa son las intenciones y los sueños y otra cosa son los intereses prácticos y comestibles que se oponen a esos sueños y a esas intenciones.

VIII. La literatura. Una reunión de escritores bolcheviques

Me costó trabajo y mucho tiempo dar con la casa de Kolvasief. Leningrado es, después de Londres, la ciudad más extensa de Europa. Añádase la actual deficiencia de los medios de transporte urbano, el desconocimiento que de la ciudad tiene el recién llegado y, lo que es más grave, su ignorancia del ruso, y ya podrá imaginarse el lector lo difícil que resulta para el extranjero dar por sí mismo con un punto cualquiera de la urbe. Más todavía. La numeración de las casas de Leningrado obedece a un orden y progresión tan esotéricos e inextricables, que solo los iniciados pueden seguirla y servirse de ella. Por fortuna, encontré a tiempo al crítico literario Vigodsky, que asistía también a la reunión de escritores bolcheviques. Y Vigodsky vino, asimismo, a guiarme por otro laberinto: una vez en casa de Kolvasief, había que orientarse en la numeración de los departamentos y habitaciones, que es mucho más compleja y minuciosa que la de la calle. Leningrado no sufre de la crisis de alojamientos de que padece Moscú, pero tampoco hay allí abundancia de casas.[12] La población cabe a las justas dentro del actual perímetro urbano, y para prevenir inesperados conflictos y desórdenes derivados del creciente acercamiento entre la ciudad y el campo —acercamiento provocado por la política de socialización integral del Sóviet—, se ha organizado rigurosamente y en sus más mínimos detalles el régimen domiciliario. De aquí que cada

12 La superficie media habitable por cabeza de población en las ciudades soviéticas es actualmente de 6,1 metros cúbicos. Si a esto se añade el hecho de que la población urbana aumenta en Rusia en un 5,5 % —porcentaje doble al del país capitalista de mayor desarrollo—, se comprenderá la urgente política de urbanización a que se halla hoy consagrado el Sóviet. De aquí a fines de 1932 deben quedar urbanizados 43 millones de metros cuadrados de superficie en el país.

casa resulte una colmena, a causa de la minuciosidad, orden y regularidad de su parcelamiento.

El departamento al que entramos es amplio, confortable. Leningrado, en general, es una ciudad holgada, limpia, clara y hasta alegre. El zarismo hizo de ella una urbe occidental y casi parisiense, en su plano de conjunto, en su estilo arquitectónico, en su aspecto municipal, en su ornamentación. Residencia de la nobleza y de la alta burguesía rusa, fue dotada de un confort marcadamente occidental, al menos en sus zonas centrales. Abundan los departamentos construidos y orientados a semejanza de los de la *rive gauche* de París. El de Kolvasief es así. Solo que, dentro de la actual vida soviética, habitan en cada departamento numerosas familias, ocupando, según el número de cada una de ellas y su género de trabajo, cuatro, tres, dos y hasta una sola pieza.

Kolvasief es un joven de unos treinta y cinco años y de cierta distinción personal. Ha sido diplomático. Un tanto banal y cortesano, sus maneras y su desenvoltura denuncian al viajero del protocolo, al hombre de mundo. Cuando llegan los otros escritores bolcheviques, resalta más aún su ceremonial de salón. Kolvasief, sin embargo, es un gran cuentista revolucionario. Contra la mediocre impresión que me produjera al comienzo, se precisó luego como un hombre ortodoxo y profundamente bolchevique. Del salón burgués ha tomado únicamente el deseo de agradar, la fluidez del gesto, encontrando en el resto de la sociedad capitalista un motivo de sincera repugnancia. Son muchos los revolucionarios que, como Kolvasief, regresaron de la buena sociedad o pasaron por ella. Tal Chicherin, Lunacharsky, Maiakovsky, Pilniak, Volin y otros.

Llega Sayanov. Luego, Lipatof y Erlich. Después, Verzint, Chitzanov, Sadovief. Jóvenes todos, de menos de cuarenta años —poetas, novelistas, críticos, ensayistas—, hacen una algazara riente y pintoresca. Alegría sana, exuberancia fecunda, fuerza generosa, instinto colectivo de la vida, praxis creadora. Visten sin pretensión proletaria, sin *mise en scene* bolchevique. Ni uniforme revolucionario, ni blusas amarillas, ni chalecos rojos, ni camisas negras y ni siquiera los largos pantalones de los *sans culottes* de la Convención. Más bien involuntaria negligencia en la raída americana, en la ausencia de corbata, en el calzado burdo y atollado. Más bien pobreza de hombres justos y de ninguna manera desarrapado y profesional abandono de bohemios. En su mayoría son rusos blancos del Norte; «ojos azules de polar desolación, amoratados rostros, respiración de maelstrom, ceño de cerrazón a la redonda. Unos vienen a la literatura, directa y conscientemente, de la clase obrera. Otros vienen de la itzba, por la marea de la guerra civil. Otros de la pequeña burguesía, por foetazo leninista. Y no pocos del lumpen-proletariado, redimidos y ganados a la vida de orden y trabajo. No demuestran por mí esa melosa curiosidad protectora que los eminentes plumíferos burgueses demuestran ante un escritor desconocido y extranjero. Me hablan y me tratan con sencillez fraternal.

El más reposado es Sadovief y el más respetado por ellos. Le consultan continuamente, oyéndole con cariño y devoción.

—Sadovief —me dice Kolvasief— es nuestro más grande poeta proletario.

—¿Más grande que Pasternak y que Maiakovsky? —le arguyo sorprendido.

—El más grande de todos —me repite Kolvasief con firmeza, y su opinión se generaliza luego, confirmada por todos les presentes.

Kolvasief añade:

—Por lo demás, Maiakovsky no pasa de un histrión de la hipérbole. En cuanto a Pasternak...

Pero más que este modo individualista de plantear y juzgar las cosas literarias, me interesan los modos colectivos, que me permito provocar en alta voz entre mis amigos rusos. Anoto entonces las siguientes declaraciones, que los escritores bolcheviques me formulan como signos de su estética:

No hay literatura apolítica; no la ha habido ni la habrá nunca en el mundo. La literatura rusa defiende y exalta la política soviética.

Guerra a la metafísica y a la psicología. Solo las disciplinas sociológicas, determinan el alcance y las formas esenciales del arte. Los asuntos y problemas de que trata la literatura rusa corresponden estrictamente al pensamiento dialéctico de Marx.

La inteligencia trabaja y debe trabajar siempre bajo el control de la razón. Nada de superrealismo, sistema decadente y abiertamente opuesto a la vanguardia intelectual soviética. Nada de freudismo ni de bergsonismo. Nada de complejo, libido, ni intuición, ni sueño. El método de creación artística es y debe ser consciente, realista, experimental, científico.

Los temas literarios son la producción, el trabajo, la nueva organización de la familia, y de la sociedad, las peripecias y luchas ineluctables, para crear el espíritu del hombre nuevo, con sus sentimientos colectivos de emulación, creadora y de justicia universal.

En la literatura rusa hay dos maneras de enfocar la realidad social: la vía destructiva de beligerancia y propaganda mundial contra el espíritu y los intereses burgueses y reaccionarios, de una parte, y de la otra, la vía constructiva del nuevo orden y de la nueva sensibilidad. En esta última se distinguen, a su vez, dos movimientos concéntricos: proletarización de la sociedad entera y socialización del Estado proletario.

Ha pasado el tiempo de las escuelas y cenáculos literarios en Rusia. No queda ni akeísmo, ni presentismo, ni futurismo, ni constructivismo. No hay más que la F.U.D.E.R. (Frente Único de Escritores Revolucionarios), cuyo espíritu y experimentos técnicos pueden sintetizarse en la doctrina general del realismo heroico.

Los maestros y precursores rusos de los actuales poetas son Pushkin y Khlebnikov. Blok no deja nada profundo ni duradero. Las únicas influencias extranjeras se reducen a la inglesa de las baladas (Kipling, Coleridge) y a la alemana (Heine, Rilke).

Los escritores rusos forman un sindicato profesional, como las demás ramas de la actividad soviética. La edición y cotización de las obras corren a cargo de este sindicato y de una sección especial del Comisariato de Instrucción Pública, y ellas siguen, para ser establecidas, un criterio de Estado.

El ejercicio de la literatura es libre y no está organizado en ninguna escuela o academia oficial preparatoria, ni se sujeta a programas o cuestionarios coactivos del Sóviet.

El escritor revolucionario lleva una vida de acción y dinamismo constantes. Viaja y está en contacto directo con la existencia campesina y obrera. Vive al aire libre, palpando en forma inmediata y viviente la realidad social y económica, las costumbres, las batallas políticas, los dolores y alegrías colectivos, los trabajos y el alma de las masas. Su vida es un laboratorio austero donde estudia científicamente su rol social y los medios de cumplirlo. El escritor revolucionario tiene conciencia de que él, más que ningún otro individuo, pertenece a la colectividad y no puede confinarse a ninguna torre de marfil ni al egoísmo. Ha muerto en Rusia el escritor de bufete y de levita, libresco y de monóculo, que se sienta día y noche ante un montón de volúmenes y cuartillas, ignorando la vida en carne y hueso de la calle. Ha muerto, asimismo, el escritor bohemio, soñador, ignorante y perezoso.

La literatura soviética participa, en cierta medida, del antiguo realismo y del antiguo naturalismo, pero los excede en sus bases históricas y en sus secuencias creadoras. Ella no es una escuela, sino un trance viviente y entrañable de la vida cotidiana. De aquí su diferencia sustancial de todas las demás literaturas de la historia.

IX. El día de un albañil. El amor, el deporte, el alcohol, el teatro y la democracia

He seguido, pie con pie, durante un día entero, la vida de un albañil. La he tomado a las siete de la mañana, en su vivienda del bulevar Pushkin. Esta se reduce a una sola y pequeña habitación, encajada en la casa número 8 de la calle. La casa es grande, de dos pisos, tres patios, muy vieja y asaz desvencijada, del Moscú milenario. En ella he penetrado con el pretexto de buscar a una persona imaginaria. Mientras hacía tal averiguación, he observado a mis anchas al obrero, que acaba de saltar de su cama. Está con su compañera, una joven correctora de pruebas de la *Pravda*. No tienen hijos ni son casados. Su unión data de un año. ¿Se aman? ¡El amor!... ¡Qué contenido tan distinto posee esta palabra en Rusia! Entre nosotros, el amor, en realidad, no existe sino muy raramente. Llamamos amor a una simple simpatía, hija directa de un interés económico o de cualquiera otra especie, pero que nada tiene que ver con el mundo afectivo. Una mujer concibe esa simpatía partiendo siempre de una cualidad del hombre, extraña a los valores determinantes del sentimiento. Lo propio acontece con el hombre respecto de la mujer. Esa cualidad puede ser la riqueza, la posición mundana o la simple posibilidad de obtener, tarde o temprano, una u otra cosa. Dentro de las relaciones burguesas, solo excepcionalmente nace esa simpatía fuera de estas perspectivas. Una persona que ama a otra, huérfana ésta de posición económica o social, pasa por una extravagante o insensata. Amar a un descamisado, a una persona que apenas gana para no perecer de hambre o que carece de nombre y brillo social, o que no llegará nunca a conseguirlos, ni a mejores entradas económicas, constituye una locura o un desplante. El acomodado o aristócrata va siempre a una acomodada o aristócrata, y el que no es ni una ni otra cosa, se esfuerza o es sensible a la tentación de amar a la que lo es. Las más de las veces, los sujetos de este «amor» no se dan cuenta exacta de estos verdaderos basamentos de sus relaciones. El hombre o la mujer, en estos casos, creen descubrir en la persona amada un conjunto de encantos y atractivos personales, y, al parecer, propios y entrañables de su contextura espiritual e íntima. «Yo no le amo —se dicen sinceramente a sí mismos— por su situación social o económica, sino por sus prendas morales. Si un día se quedase sin dinero o sin nombre mundano, yo le seguiría amando.» De ello están estos «amantes» convencidos. Pero estos «amantes» no saben que esas prendas de la persona amada proceden directamente de la posición económica o social. Y no lo saben, porque la relación de causa a efecto entre esta posición y aquellas prendas es más o menos mediata y oculta, aunque siempre directa e indiscutible.

Otras veces los sujetos de este «amor» se dan perfectamente cuenta del carácter social o económico y extra-afectivo de sus relaciones. Esto ocurre en las más altas esferas mundanas de la burguesía o de la nobleza, mientras que el caso del párrafo anterior ocurre en la pequeña y mediana burguesía.

¿Por qué se desfigura y se desnaturaliza así el amor en el mundo capitalista? Ello obedece posiblemente al individualismo desenfrenado de las gentes. Este individualismo ha engendrado un sinnúmero de apetitos y preocupaciones egoístas: el afán de distinguirse de los otros, aventajándolos a todo precio; la vanidad, la concupiscencia, el sibaritismo, la pereza con todos sus vicios y cobardías. Obedeciendo a estas preocupaciones, el amor —si así puede llamarse entre nosotros este apetito— es clasista, es decir, que el hombre y la mujer de una clase social se unen únicamente a la mujer y al hombre de su misma clase; nadie quiere descender de posición. Solo de cuando en cuando, repito, se salta de clase. Pero en este caso no es la persona de clase elevada la que desciende, sino que es la de clase inferior la que asciende. Lo que no quita que a la primera se la juzgue, como hemos dicho ya, como una insensata o amiga de lo raro. Por regla general, estos saltos de clase aparecen tan irregulares y locos a los ojos de todos, que los interesados prefieren sostener ocultas tales relaciones, como un crimen o algo vergonzoso e inconfesable. Tal es el caso de las pasiones entre el señor y su sierva, entre el patrón y su sirvienta, entre la señora y su cochero o entre el gerente de un banco y su dactilógrafa.

En Rusia, el amor ha dejado de ser clasista, desde el momento en que han desaparecido las clases sociales. Social y económicamente, todos son iguales. El individualismo y sus apetitos derivados tienen un freno dentro de un nuevo equilibrio colectivo y dentro de un nuevo orden jurídico y moral. El trabajo es obligatorio. No hay tiempo para el ocio ni gusto por los refinamientos. A la vanidad ha sucedido el orgullo, en la acepción colectiva de la palabra. El hombre y la mujer, por consiguiente, están liberados de toda preocupación o perspectiva económica y social para elegir a la compañera o al compañero. El punto de partida y de inspiración del amor radica por entero en otra parte: en el mundo afectivo. Dentro de este mundo, la libertad de elección sentimental es absoluta e inalienable. Cuando un hombre está unido a una mujer, se supone que lo está por el amor, puesto que no hay otra cosa o interés que pueda unirlos. Prueba de la base exclusivamente sentimental de esta unión son las innumerables parejas de un gran escritor y una cobradora de tranvía, de un director de sindicato y una portera de hotel o de una periodista y un picapedrero. Y estas uniones no son ocultas ni vergonzosas, sino francas, y muchas de ellas legales. De esta manera, es el amor el que también contribuye a borrar definitivamente las diferencias o barreras morales creadas arbitrariamente en régimen burgués por las clases dominantes entre los diversos géneros de trabajo. En Rusia, ante el amor, todos los trabajos, oficios y profesiones son iguales y dignos.

El albañil que habita en esta estrecha pieza con la periodista de la *Pravda*, debe, pues, amarla y ser por ella amado. De otro modo, no puedo concebir que vivan juntos y compartan un mismo lecho diariamente. ¿Qué otro vínculo puede haber entre ellos? ¿Una simple simpatía fisiológica? Acaso. Pero para durar un año, esta simpatía fisiológica debe ser, sin duda, fuerte, sana, profunda. De otro lado se siente en sus palabras y maneras que hay una gran fraternidad entre ellos. Ella le habla y obra espontáneamente. El se muestra un tanto paternal. Ambos son alegres, ágiles, infantiles. Ríen y juegan mientras se lavan y visten para ir al trabajo.

Mi intérprete y yo nos hemos sentado a verles. El ruso soviético es más cordial que el ruso de antes. Se da al desconocido inmediatamente y sin reservas. Algunos periodistas extranjeros aluden a la atmósfera secreta, cohibida y de cuartel en que se vive bajo la dictadura proletaria. Por mi parte, yo no he hallado dicha atmósfera en ninguno de mis viajes a Rusia. Al contrario, por todas partes las gentes, particulares y oficiales, se brindan al recién llegado con una franca y alegre espontaneidad. La habitación del albañil tiene pocos muebles. Es modesta, aunque alegre. Está situada en el segundo patio de la casa y en el piso bajo. Comunica, a izquierda y a derecha, con el resto de la casa, donde habitan otras familias o parejas. La cama es un diván muy bajo y rústico. Hay, además, una mesita pegada a la pared, con libros y revistas en ruso y en alemán. Al frente, una burda silla de madera y una caja, que parece un baúl o un banco para sentarse. Sobre los muros blanqueados, fotografías de Lenin, Stalin, Vorochilov, Rikof, en tarjetas postales y en recortes de revistas. El albañil y su compañera han salido a lavarse al patio y vuelven secándose y canturreando.

—¿No tienen baño? —les pregunto.

—En la casa, no. Es una casa vieja y completamente incómoda, herencia del zarismo. Pero el baño lo tomamos donde trabajamos, a las cuatro de la tarde, antes del almuerzo.

—¿Y el desayuno?

—En la cooperativa de la esquina.

Ella toma un libro de la mesa: *El leninismo teórico y práctico*, de Stalin, y se dispone a salir. Sus ropas de vestir son ligeras. Se las ha puesto casi todas ante nosotros. La falda es tan corta como la de cualquier *midinette* de la rue Saint-Honoré. Colores vivos y contrapuestos. Medias blancas de algodón. Calzado negro con tacón de deporte inglés. Cabellera corta, bajo una boina azul y de bordes estrechos. Un escote cuadrado, hasta el nacimiento de los senos. Después, un abrigo gris y delgado, sin piel. Y ningún maquillaje. De talle mediano, fornida, vivaz, el cutis rosado, los ademanes rotundos y hondamente femeninos, la cabeza echada atrás con gracia casi campesina, la mujer del albañil está ya lista para salir. No cesa de hablar y de reír. Hojea el libro y dice a la intérprete con firmeza y entusiasmo:

—¿Has leído ayer el artículo del compañero Stalin en la *Isveztia*?

—No —le contesta la rusa no bolchevique.

—¡Muy notable! Ahí habla de los teorizantes marxistas y sus defectos escolásticos.

Un ardiente diálogo se entabla entre las dos mujeres. El albañil está también ya listo. Su traje es aún más esquemático que el de su compañera. Un pantalón, una pelliza con cuello de astracán y una burda camisa amarilla. Va sin sombrero. Este no es ciertamente el uniforme proletario de las edificaciones de Chicago, con su blusa standard, sus bolsillos standard y su gorra standard. Tampoco son éstas las prendas de vestir que las fábricas de zapatos, de blusas, de camisas y de gorras yanquis obsequian a las compañías constructoras para sus obreros, con la sola condición de que luzcan estos artículos las iniciales o letreros de publicidad en colores de dichos almacenes. El traje del albañil es apenas un objeto de confección de los sindicatos soviéticos, pero no es un uniforme. Y no lo es, porque carece del elemento decorativo y de repetición, que caracteriza al uniforme.

Salimos. Observo aquí una diferencia con nuestro mundo de salón. En Rusia, la cortesía no existe. La gente toma y da, niega y consiente sin formulismo. Hasta en el terreno de la amistad impera únicamente la justicia. Se da asiento al que está fatigado y lo toma el dueño de casa, si lo necesita más que el visitante. Y así en todo lo demás. El albañil y su compañera salen sin pedirnos perdón, porque necesitan salir, porque no hacen a nadie mal saliendo. «Vamos», dicen únicamente. En una casa de Unter Den Linden o de los Campos Elíseos se dirían las gentes: «¡Qué mala educación!». Solo en la Quinta Avenida, las cosas, al menos entre las personas de negocios, suceden de modo algo parecido al de la Rusia del Sóviet. No en vano la técnica de producción yanqui es también la que más se aproxima al socialismo.

Ya en la calle, noto asimismo que ni él ni ella cambian en lo menor de manera de ser. Entre nosotros, las gentes son en la calle diferentes de lo que son en sus casas. El hombre toma aires más viriles, más solemnes, correctos, distinguidos o importantes. La mujer se hace más graciosa, más coqueta, elegante, respetable y hasta más imperiosa. El espíritu de la calle nos penetra, transformándonos en favor de una mayor necedad e hipocresía. Nos falseamos en más grande escala. Y todo por la eterna preocupación de distinguimos y sobrepujar a los demás. Nuestra falsedad y nuestro individualismo crecen a medida que son más numerosas las personas que nos rodean o nos ven y nos oyen. El más sincero es el más solitario. El hombre de mayor contextura colectiva es el hombre más solo. Son éstas, como se ve, dos posiciones paradójicas y hasta absurdas, sin ningún contenido racional ni creador. Se trata de una sinceridad sin testigos —que socialmente no interesa ni concierne a nadie—, y de un colectivismo igualmente subjetivo y abstracto que tampoco concierne a nadie.

Este espíritu de calle predomina particularmente en la burguesía y es más demostrativo cuanto más vieja y ortodoxa es esta burguesía. El mismo proletariado capitalista, en sus capas burocráticas y técnicas, está también penetrado de este espíritu de calle.

El albañil y su compañera toman indistintamente el fondo o el borde de la acera, porque ni uno ni otra necesita con preferencia del mejor sitio para caminar. Grande es la curiosidad que hay en el extranjero por conocer a ciencia cierta las nuevas relaciones introducidas por la revolución entre el hombre y la mujer. Las ideas más fantásticas y escabrosas se tienen al respecto. Sin embargo, la realidad es menos insólita de lo que se cree. Las nuevas relaciones soviéticas arrancan de un principio sencillo y universal, que es el siguiente: el hombre no es más fuerte ni menos fuerte que la mujer. Aquello de sexo débil y sexo fuerte no pasa de una fórmula falsa, que la experiencia de todos los días desmiente. La verdadera fórmula es ésta: el hombre es, en cierto terreno, más fuerte que la mujer, mientras que ésta lo es en otro. El secreto de la armonía entre ambos radica en el equilibrio de estos signos —negativo y positivo— según el rol y las posibilidades de cada uno de los sexos. La mujer, en régimen soviético, no está, pues, más alto ni más bajo que el hombre de modo permanente. A veces su plano de acción supera al de hombre, y a veces cede al de éste. En los demás casos están en idéntico pie de igualdad. Así se ha establecido —sobre estas nuevas bases— el estatuto jurídico, económico, político y moral de ambos sexos en la sociedad soviética. Los derechos y obligaciones de la mujer en la familia y civilmente ante los demás son iguales a los del hombre. Respecto de los hijos, ocurre lo propio. Tan obligado está el hombre al trabajo como la mujer. Políticamente, ésta puede elegir y ser elegida para los mismos cargos que el hombre. Por último, el pudor, el recato y la dignidad no son en el hombre sentimientos más severos ni menos exigibles que en la mujer.

—¿Cuáles son entonces —se preguntan las gentes en el extranjero— las diferencias entre el hombre y la mujer?

Estas diferencias residen en la naturaleza misma de cada uno de los sexos. Ellas varían según las fuerzas y debilidades de cada uno. Si estas condiciones inherentes al hombre y a la mujer pudiesen simplificarse y clasificarse en dos grandes campos, diríamos que físicamente el hombre tiene, por ahora y hasta nueva orden, menos derechos y más obligaciones que la mujer, mientras que espiritualmente la igualdad es rigurosa. Tal criterio, con excepciones provisorias e inevitables, parece determinar la posición de ambos sexos en la sociedad soviética.

—Pero, en mi opinión —me dice mi intérprete—, todo esto es erróneo. Espiritualmente el hombre es superior a la mujer. La compañera del albañil nos pregunta lo que estamos hablando, y al enterarse replica:

—No. Porque si el hombre es más permanente en sus pasiones, la mujer es más ardiente y más aguda. Si el hombre es más apto para la síntesis, la mujer es más apta para el análisis. El hombre más racional; la mujer, más intuitiva. El hombre es más paciente y tenaz en la ofensiva creadora; la mujer lo es más en los fracasos y dificultades...

Las ocho menos cuarto. Salimos de tomar el desayuno en la cooperativa del barrio, y ambos se despiden para ir a sus trabajos respectivos. Un apretón de manos como dos amigos.

—Hasta luego.

—Hasta luego.

A las cuatro de la tarde voy a buscar al albañil a la salida del trabajo. Es a la otra margen del Moscova, en los vastos edificios que las Cooperativas de Construcciones levantan para habitaciones obreras. Cuando avanzo por el puente, veo un doble juego de obreros en las escaleras y andamios de los edificios. Son los que cesan en su tarea, que bajan, y los que la inician, que suben. Al llegar ante los muros en construcción, una ola de obreros desborda e inunda la calle. Ningún uniforme, repito. Los más llevan gorra y no pocos van descubiertos. Barbados los hay muy pocos, y éstos son los viejos de más de cincuenta años. Pero casi la totalidad está rasurada a la americana. Una gran algazara forman, desparramándose en la esquina, unos a pie y otros tomando los tranvías.

Aquí aparece el albañil de esta mañana. Viene con tres más, discutiendo acaloradamente. Presentaciones. Se preguntan por mi oficio y mi filiación política.

—Es escritor sin partido —se dicen, y seguimos avanzando juntos hacia el otro lado del río. Nos dirigimos al restaurante de la Cooperativa que queda cerca de la casa del albañil.

—¿Qué le parece Rusia? —me preguntan a la vez los cuatro.

—Muy bien, admirable.

—¿Qué le ha gustado más?

—Las masas obreras.

—¿Después?

—La esperanza y la fe que las anima.

—¿Y qué dicen en el extranjero de la revolución rusa?

—No la conocen bien. Se tienen de ella ideas confusas y falsas.

—¿Qué diferencia encuentra usted entre los obreros del Sóviet y los obreros de los países capitalistas?

—Ustedes son libres, mientras que los otros son esclavos.

—¿Por qué cree usted que somos libres? ¿Y la dictadura del Sóviet?

—La libertad de ustedes es una libertad de clase. La otra, la libertad individual, la tienen ustedes relativa y muy limitada; pero así lo exigen las necesidades de la primera libertad, o sea de la libertad de clase. Marx ha dicho que la libertad no es más que la comprensión racional de la necesidad. De otra parte, la libertad individual no ha sido nunca completa en la Historia. Su ejercicio puede ser más o menos limitado y condicionado por los intereses colectivos. A medida que éstos vayan permitiéndolo, la libertad individual irá en Rusia ensanchándose y consolidándose.

Veo que mis palabras despiertan en todos ellos interés y aceptación. Me dicen:

—Así es. Esa es la verdad. Estamos contentos de que usted comprenda, como debe ser, el sentido de la dictadura proletaria. Muy bien.

Uno de ellos les habla largamente, y por una que otra partícula o terminación latina, me doy cuenta que se trata de política obrera y de política imperialista. Este que les habla así ha sido en otra ocasión secretario del Comité Obrero de las Construcciones donde los cuatro trabajan. Tendrá unos veintiocho años. Su voz es golpeada y un poco monótona, pero llena de calor y de inteligencia.

Les pregunto:

—¿Son ustedes comunistas?

—No. Somos sin partido.

—¿Pero confían en el régimen?

—Tenemos en él una confianza absoluta.

—¿Por qué no entran entonces en el partido que les gobierna y que ustedes aceptan con tanta confianza?

—Porque para ser comunista hay que disponer de tiempo y de fuerzas para cumplir los tremendos deberes que impone la calidad de miembro del partido. Tenemos bastante y de sobra con nuestras obligaciones de simples obreros.

—¿Qué obligaciones son ésas?

—Aparte de nuestro trabajo en las construcciones...

—¿Ustedes son obreros técnicos o simples manos de obra?

—Uno de nosotros es carpintero. Los demás somos obreros corrientes. Le decimos que, aparte de nuestras tareas de construcción, por las que percibimos un salario, tenemos otros deberes por los que nada se nos paga, pero que son inseparables de nuestra calidad de jornaleros. Tales son, por ejemplo, formar las células obreras de la industria a que pertenecemos, los comités y asambleas obreras; ejercer el control obrero de esta industria; practicar la emulación socialista cada vez que así lo exijan las necesidades de la producción; formar en las avanzadas de culturización política y técnica del campo, etc.

—¿Cuál es el rol de las células, comités y asambleas obreras?

—Discutir y decidir sobre cuestiones administrativas y técnicas, económicas y culturales del oficio y de la industria a que pertenecemos.

—¿Y la emulación socialista?

—Eso es lo que los capitalistas llamarían un sistema de records. Un ejemplo: cuando el Estado reclama con urgencia casas de habitación a causa de la afluencia y exuberancia de población de la ciudad, los obreros de un edificio deciden espontáneamente aumentar la labor y hasta doblarla y triplicarla, a fin de terminar mucho antes del plazo calculado la obra en construcción. Se produce entonces entre los trabajadores un sentimiento de emulación cívica al servicio del interés colectivo. Así es como gran parte del Gozplan (Plan Quinquenal) está realizándose en cuatro años y hasta en tres y dos años y medio.

—¿Qué galardón persigue y obtiene el obrero con este esfuerzo a favor del bien común?

—Ningún galardón personal. Ello obedece únicamente a un alto sentimiento de comunismo real y práctico.

—¿Y en cuanto a las brigadas de avance?

—Ellas no son sino una forma de la emulación socialista: Son grupos de obreros que se forman espontáneamente con el fin de difundir y hacer penetrar, por el ejemplo vivo y visible, las ideas y entusiasmo constructivos del Sóviet en las capas aún reacias o ignorantes de las masas del campo y de la fábrica...

Bajamos del tranvía. Todos viven en el mismo barrio y comen en la misma cooperativa. Cuando entramos al restaurante, el albañil y el carpintero —que es el que les hablaba a los demás en ruso sobre el proletariado y el imperialismo— buscan con la mirada a alguien entre la muchedumbre de comensales sentados en torno de largas y numerosas mesas.

Buscan a sus compañeras. Ahí están. Nos acercamos a ellas. Pero no hay sitio. Al fin tomamos asiento lejos, al otro extremo de la inmensa sala.

Más tarde, las dos se unen a nosotros. La compañera del carpintero es mayor. Una mujer hermosa. Se sientan y fuman. La conversación se hace entonces bulliciosa y riente. Al salir de la Cooperativa anoto que cada una de ellas paga su consumo por separado de su compañero.

Me entero asimismo que el carpintero y su compañera están casados desde hace cinco años. Pero esta pareja tampoco tiene prole. ¿Por qué? Porque él es tuberculoso y la ley le prohíbe, por esta causa y hasta que no sane, ser padre. El médico le ha dado un régimen especial con este objeto y él lo cumple, bajo pena de una sanción severa de la ley en caso de infligirlo.

De otra parte, me llama la atención el pie de igualdad completa en que las dos parejas se hallan desde el punto de vista de la moral social. Aunque la unión del albañil y su compañera es libre, los respetos, consideraciones y estimación social de que ella disfruta son idénticos a los que rodean al carpintero y su mujer, que están casados. El amor libre, en régimen soviético, goza de la misma dignidad moral y social que el matrimonio. Dos de los obreros se despiden.

—¿Adónde van ahora? —pregunto.

—A casa de los Sindicatos. A las cinco y media hay allí una sesión de la Sección Sindical de Construcciones.

Uno de los que parten es el carpintero. Su mujer sigue con nosotros. La pareja se ha despedido como se despidió esta mañana la pareja del albañil:

—Hasta luego.

—Hasta luego.

Como dos simples amigos. Ni besos, como los obreros de Saint-Denis, ni melosidades sensibleras como los horteras de Buenos Aires. El marido y la mujer soviéticos son, ante todo, buenos amigos. El amor conyugal en Rusia es más amistad que pasión, más fraternidad que atracción sexual.

Son las cinco menos diez. Atravesamos la Gran Plaza. Aquí se quedan ellas. Van a tomar el tranvía. Se aprestan apresuradamente. Les falta el tiempo. Tienen una lección de puericultura a las cinco en una sección especial del Comité Central de las Gotas de Leche, destinada a las esposas que aún no han sido madres.

El albañil y su compañero me dicen entonces:

—Nosotros vamos al Club Obrero a preparar un informe sobre las maderas de construcción procedentes de la región de pinos de Laponia. Debemos tenerlo listo para el jueves. Vamos a leer algo en la biblioteca del Club.

—¿A qué hora volveré a verlos?

—A las ocho. A la salida del Club.

¡Qué vida tan distinta a la de los obreros del capitalismo! Ni café, ni alcohol, ni juego de cartas, ni bostezos de aburrimiento. Nadie toma café ni siquiera en los desayunos. El ruso prefiere el té, que antes de la revolución se tomaba mucho, haciendo de él una especie de droga. El Sóviet lo ha dosificado, pero no con medidas traumáticas, sino poco a poco, por espontánea eliminación y a base de propaganda y educación. Con esto se ha hecho y se está haciendo lo mismo que con el alcoholismo. Al principio, el Sóviet prohibió de golpe y radicalmente las bebidas alcohólicas. La ley seca tropezó, como en los Estados Unidos, con inmensas resistencias, suscitando un venero de disturbios, descontentos y violencias, sobre todo en provincias y en los campos. De estar impregnado el Sóviet de la rigidez anglosajona —tan cara y digna de imitar en concepto de ciertos pueblos latinos—, hasta ahora se mantendría la ley seca en Rusia, y este país sería aún, como lo son los Estados Unidos, teatro de los más absurdos escándalos entre húmedos y secos. Mas el leninismo es de una ductilidad desconcertante. En vista de las dificultades de la ley seca, el Sóviet cambió inmediatamente de táctica, resolviendo combatir el alcoholismo poco a poco y atacando el mal por abajo. A la vigilancia policial sucedió entonces la propaganda entre las masas y la educación en las escuelas. Se formaron innumerables ligas de combate. La profilaxis antialcohólica ganó rápidamente partidarios en los campos y en las fábricas. El Estado asignó a esta política un sitio preferente en sus planes anuales. En la actualidad, la situación en este terreno es muy halagüeña. Diariamente se suspende la venta de alcohol en numerosas aldeas, a solicitud de los mismos habitantes. En general, son siempre éstos los que piden y exigen, en comicios públicos, la supresión de las bebidas alcohólicas. Más todavía. El tomarlas es, en muchos sitios, cuestión de honor político. Al amigo del alcohol se le considera como tácito enemigo del socialismo. En singular, la fobia contra el alcohol es mayor en las nuevas generaciones. Cada año se reduce el consumo de bebidas alcohólicas en un 10 o 12 por %.

El Sóviet no olvida, por otra parte, que ni la propaganda ni la educación serían armas suficientes contra el alcoholismo si faltase un segundo factor, el más importante y decisivo: la mejora de las condiciones de vida del trabajador. La propaganda y la educación son medios empleados corrientemente por los gobiernos capitalistas: Este es el lado sacerdotal y hasta retórico de la empresa. El aspecto práctico y determinante, en suma, del éxito de la campaña, lo constituyen los medios realizados para encauzar el gusto y las inclinaciones diarias del trabajador hacia otro plano de inquietudes y satisfacciones. ¿Hacen esto último los Estados capitalistas? No. Existen dentro de los infinitos intereses concertados para impedir semejante política en favor de a clase trabajadora. ¿Y los fabricantes de bebidas? ¿Y los viñeros? ¿Y los intermediarios? ¿Y los terratenientes de campos de cultivo? ¿Y los propios patronos de las demás industrias, cuyo interés reside en reparar y aumentar las agotadas energías del obrero por medio de estimulantes alcohólicos, ya que los ínfimos salarios no permiten hacerlo por medio de una mejor alimentación y un mejor género de vida? ¿Y los impuestos de consumo del Estado? Pero en régimen soviético ninguno de estos intereses existe. De aquí que le ha sido y le es fácil al Sóviet remover los diversos factores de existencia cotidiana de las masas, a fin de canalizarlos por derroteros nuevos y de espaldas al morbo del alcohol. Entre estos nuevos derroteros figura la intervención real, práctica y diaria del trabajador en la dirección y administración de la cosa colectiva. El obrero vive embriagado del placer y del esfuerzo que despliega a toda hora en las tareas sociales. Su entusiasmo y su embriaguez cívica provienen de la convicción que tiene de que él, como individuo, es algo viviente e importante en la colectividad, pues sus ojos ven por sí mismos todos los días que lo poco que él hace o dice pesa directamente en los negocios colectivos. Esta es también la base de su sentimiento de responsabilidad, sentimiento que le absorbe y le llena a la vez de orgullo y de fervor político. Es un hecho de experiencia histórica que los pueblos y las épocas de más ancha y efectiva democracia corresponden a una mayor pureza de costumbres de las masas: Por el contrario, a los Estados despóticos, a los Gobiernos minoritarios corresponden una mayor relajación de las costumbres populares. No hay deporte que distraiga más de los vicios al pueblo, como el ejercicio de la soberanía, con todos sus derechos y funciones democráticos. A una partida de cartas y hasta de football, prefiere el trabajador, sin duda alguna, la redacción de un dictamen que, según él, va a determinar en tal o cual medida la clase de casas en las que van a vivir muchas gentes. En cambio, el obrero de los países capitalistas prefiere irse a la taberna a ir a las urnas a votar, porque sabe que su voto no va a pesar nada en los destinos sociales. El aparato de Estado burgués coacta y escamotea el sufragio como le viene en gana. Es un juego de prestidigitación y de abuso capaz de todos los trucos, violencias y falsificaciones.

A las ocho de la noche sale el albañil del Club Obrero. Ahora viene solo.

—¿Está usted cansado? —le pregunto.

El albañil sonríe.

—Al contrario. El estudio y la reflexión acerca de cosas más o menos desusadas para mi espíritu de obrero manual me hacen bien y me reconfortan. Al salir de mi trabajo, a las cuatro, empezaba a sentir cierta fatiga física. Pero ahora, después de leer y pensar, tengo ganas de acción material, de correr o mover algo pesado con los brazos.

—¿No hace usted deporte?

—Sí. Pertenezco a un equipo de carrera. El doctor opina que los obreros de construcción necesitan este género de deporte para resarcirse de nuestra clase de trabajo.

—¿Cómo escogen ustedes su deporte? ¿Según sus gustos individuales, o es el Estado que les impone el que él cree conveniente?

—Los doctores del Estado nos examinan cada cierto tiempo y luego consultan la vocación de cada uno y deciden.

—Entonces ¿no son ustedes libres de escoger el deporte que a cada cual le guste?

—Nuestra libertad individual acaba donde empieza el interés social. Si aquella fuese ilimitada y absoluta, muchas veces tomaríamos un deporte contrario al que nuestra salud y condiciones de trabajo requieren. Porque una cosa es el gusto, la vocación deportiva, y otra cosa es la conveniencia racional de tal o cual deporte. Por lo demás, la razón está por sobre el gusto.

—¿Y a qué hora y cuándo practican ustedes su deporte?

—Las horas y los días varían mucho dentro de su regularidad científica. En general, lo hacemos tres veces a la semana, o sea casi todos los días. (Recuérdese que la nueva semana rusa es de cuatro días.) Pero eso depende siempre de una serie de condiciones y necesidades relativas al trabajo, a nuestras faenas proletarias fuera del trabajo, de las que ya le hemos hablado; a las directivas deportivas del plan técnico correspondiente, etc.

Llegamos a una cooperativa donde se toma té. Hay mucha gente, correspondiente a los equipos obreros cuyas horas de trabajo son, más o menos, las mismas que las del albañil. Estos equipos se alimentan igualmente, a las mismas horas y las mismas veces que el albañil: desayuno —un vaso de té con un pequeño bizcocho—, a las siete y media de la mañana; almuerzo —una especie de sopa de legumbres con un trozo de carne de vaca (bortch) y una torta de carne picada y molida con unas patatas y pan negro—, a las cuatro de la tarde; y, en fin, otro vaso de té con un alfajor o bizcocho, a las ocho o nueve de la noche. A las once de la mañana toman en su mismo trabajo una especie de lunch, consistente en té con un bocadillo de queso o de guisos vegetales, muy condimentados. Como bebida, agua y muy raras veces cerveza blanca, de fabricación rusa y un tanto cargada de alcohol.

Pero mucho tabaco. Rusia es probablemente el país donde más se fuma en Europa.

Hay, en Moscú sobre todo, muchos vegetarianos. Se me informa que había más antes de la revolución. Las ideas morales de Tolstoi, junto con sus prácticas ascéticas, decaen rápidamente en Rusia. Actualmente los vegetarianos son mirados con burla, como una secta retrógrada, por los elementos revolucionarios.

—¿Quiere usted venir esta noche —me pregunta el albañil— al Teatro de la Unión Profesional?

Este es un teatro nuevo, nacido después de instaurada la Nep. Su espíritu escénico, su estética, sus medios económicos, su personal, son de origen proletario. Esta noche se representa *El brillo de los rieles*, pieza de Kirchon, obrero metalúrgico, autor también del drama *La herrumbre*, que acaba de representarse en los teatros de Berlín, París y Londres con éxito resonante.

Al llegar a la taquilla, el albañil me muestra su billete, y cuando le pregunto dónde y en qué precio lo ha adquirido, me dice:

—Estos billetes se nos dan en nuestro Sindicato por un precio ínfimo.

—¿Cuánto le cuesta?

—Cuarenta y cinco copeks.

Yo compro el mío, que es de butaca, como el suyo, y se me cobra un rublo veinte. ¡La dictadura del proletariado!

El teatro soviético es un espejo fiel de la vida social de Rusia. Aplicando la teoría un animista de Jules Romains al presente caso, no es difícil palpar, de manera plástica y viviente, toda la estructura social y económica del Sóviet, encarnada en el público teatral.

Al primer golpe de vista se nota la división de la multitud en dos clases de espectadores: de una parte, el proletariado, de otra, los nepmans, la diplomacia y los concesionarios de empresas extranjeras. No solo es cuestión de trajes, sino de cabezas y ademanes. La línea divisoria es tan ostensible como no he visto nunca otra semejante en ningún teatro europeo. Los nepmans se diferencian de los pequeños burgueses de los países capitalistas en que visten y se comportan en su totalidad como nuevos ricos, que lo son. No les falta el anteojo de teatro y la cadena de oro. Tanto ellos como los diplomáticos y los concesionarios de empresas industriales extranjeras muestran un gesto despectivo y asqueado. Los unos, por lo que están sufriendo ya de la revolución; los demás, por el peligro que corren sus países respectivos de sufrirla algún día próximo o lejano.

—Aquella dama —se me dice designando a una señora elegante e imperiosa— es la esposa del embajador alemán.

—¿Por qué tiene ese aire enfadado?

—Siempre que está en público se muestra así. Odia furiosamente al Sóviet. Todo el mundo lo sabe.

—¿Y ustedes?...

—¡Qué le vamos a hacer! No hace más que defender su clase.

El bolchevique y el obrero soviético no sienten por el burgués extranjero el menor resquemor personal. Fuera de Rusia se cree que la multitud soviética odia y hostiliza en todo lo que puede al burgués extranjero. No. Esto solo se concibe en las chusmas empíricas y románticas de las rebeliones antiguas. El proletario ruso opera en un plano colectivo y de clase contra clase. La revolución no se hace a base de pellizcos o pedradas al transeúnte. La revolución se hace de masa a masa. Tratándose del nepman, la táctica cambia, porque éste no pertenece a una clase social en Rusia, sino que trata, por esfuerzos individuales dispersos, de rehacerla. De aquí que hay que combatirle asimismo individualmente.

Excepción hecha de este sector reducidísimo de espectadores, la totalidad del público es obrera, soviética. Su dominio, en anchura y profundidad; es completo en el teatro. La masa reina soberanamente y sin trabas. Sus movimientos, sus gritos y palabras, aprobando o rechazando, deciden el tono y temperatura colectiva del espectáculo. Los obreros son aquí, como en todas las demás actividades del país, dueños y amos del ambiente social. Los nepmans, los diplomáticos y los industriales extranjeros se muestran encogidos y supeditados por la masa, y no hacen sino adaptarse y seguir las directivas sociales del proletariado, aun a regañadientes. ¡También en esto la dictadura proletaria! A diferencia de lo que ocurre en los países capitalistas, donde son los trabajadores los que sufren, hasta en los teatros, la dictadura patronal.

La multitud obrera aparece distribuida en las secciones del local, no ya siguiendo el precio que cada cual paga por su billete, como sucede en la sociedad burguesa: sino siguiendo un turno especial y extraño a toda consideración económica, ya que todos abonan un precio igual por entrada. Este turno o rotación lo establecen y vigilan que se cumpla los sindicatos o cooperativas a que pertenecen los espectadores. De este modo, hoy, verbigracia, veo en los palcos, butacas y demás sitios de preferencia, a espectadores que mañana o la vez próxima ocuparán lugares y asientos menos cómodos y elegantes. Porque los locales de teatro de la época zarista conservan, naturalmente, su configuración jerárquica de asientos. Ya se edificarán locales estrictamente soviéticos, cuya disposición arquitectónica refleje la nueva estructura social de Rusia.

El aspecto social de los teatros de Moscú denuncia el espíritu entrañablemente democrático o, para ser más exacto, proletario de la clientela. En este cuadro comprimido de la sociedad soviética tienen palpable realización los viejos y resobados ideales de igualdad y de fraternidad. Pero anótese que esta fraternidad y esta igualdad se realizan aquí en escala proletaria. En el orden burgués, la igualdad y la fraternidad han sido y serán imposibles, puesto que el desenfrenado individualismo que supone la sociedad capitalista es la puerta de entrada de todas las competencias y guerras, que no de la solidaridad y concordia sociales. A la base del mundo proletario está, por el contrario, el instinto colectivo, motor y punto de arranque del equilibrio social. Una gran homogeneidad domina en la plástica y en los movimientos del conjunto. Nadie ni nada desentona ni sobresale en la multitud. Ningún desnivel. Ninguna persona está más arriba ni más abajo que las demás. *Pas de vedettes*. Todos se nivelan a la misma altura social.

En estas salas del teatro ruso estamos lejos del lujo, de la presunción, de la concupiscencia, de la envidia y del chisme cortesano de la *soirée* burguesa. Todo es aquí sobrio, esencial, veraz, pudoroso, franco, fraterno. No es la pompa de unos cuantos y la miseria de la mayoría, sino la limpieza y decencia sumaria de todos por igual. El traje y el ademán, la mirada y la palabra trascienden la confianza, propia del alma proletaria. Ni el oblicuo vistazo del despecho ni el insultante ceño de la vanidad. Ni galantería ni perfidia. Ni sordas murmuraciones ni adulaciones vergonzantes. Y ninguna etiqueta almidonada. Aquí no hay lugar a exclamar: «¡Qué bien sabe volver la cabeza esa señora!», o «¡Qué mal ríe ese señor!», o «¡Qué dignidad en la manera de saludar de esa señorita!»... La gente se produce aquí a sus anchas, aunque ciñéndose siempre a un nuevo y profundo sentido de armonía y de pudor social.

Henri de Mann regatea al proletariado, desde su posición revisionista, el haberse apropiado de gran parte o de casi la totalidad de las normas, usos, costumbres, reglas, gustos e inclinaciones sociales de la burguesía. Henri de Mann formula este alegato con el fin de probar que la división de clases no ofrece la profundidad que le atribuye la doctrina marxista original, y que, antes bien, el capitalista y el obrero están ligados por una serie de hábitos y prácticas sociales que les son comunes. Así es como el autor de *Más allá del marxismo* trata de escamotear la idea revolucionaria —que implica la lucha de clases—, sustituyéndola por la idea de evolución, o sea de entendimiento entre obreros y patronos, ya que ambas capas sociales se apoyan en idéntica mentalidad y en idéntico género de vida. Pero el ilustre ex marxista belga va en sus conclusiones con demasiada prisa generalizadora y confusionista. No se equivoca al constatar que muchos de los gustos suntuarios y de los usos de sociabilidad corriente de los patronos han pasado y siguen pasando a los obreros. Pero distingamos. Este pasaje se efectúa en tres momentos. Primero: el trabajador adquiere del patrón lo que éste practica de bueno y de común a todos los individuos, cualquiera que sea la clase social. Tal ocurre con el gusto del confort, del automóvil, teléfono, etc. Segundo: el trabajador toma del patrón lo que éste practica de malo, del mismo modo que una persona sana se contagia de la enfermedad de otra a la que está obligada a frecuentar diariamente. Esto sucede con la inclinación a las joyas, a la publicidad personal, al donjuanismo, etc. Tercero: el trabajador toma del patrón lo que éste práctica pasajeramente y que no pertenece a ninguna clase social en particular. Tal puede decirse de todos los snobismos y modas, como ciertos juegos deportivos y muchos espectáculos públicos. En el primer caso, lo propio y característico del hombre burgués se queda en éste y no pasa al obrero. Se queda en él la parte excesiva, refinada y viciosa de estas prácticas: el regüeldo, el callo, el escozor bizantino. En el segundo caso, el contagio es más o menos evitable y, a lo sumo, curable. El tercer caso carece de importancia. Total: el proletariado ruso ha tornado y conservará los hábitos e inclinaciones sociales que la burguesía practica, pero que, por su justeza y utilidad, constituyen patrimonio de todas las clases sociales. Entre esos hábitos se halla el decoro en el vestir y en los modales.

La masa, con todas sus fuerzas y defectos elementales, llena hasta los bordes el casco espiritual del teatro. Una nueva y más natural civilidad controla, de adentro afuera, el calibre de sus actos. Es ésta la misma masa obrera de todos los países, pero con estos distingos: la de aquí es menos libre y menos libertina; de más templanza y de menos privaciones; más igual y pareja en su espíritu y menos monótona; carece de superiores; no necesita de vigilancias policiales o morales extrañas a su propio organismo, y lleva en sí misma la justeza y control de todos sus movimientos. De aquí que produce la impresión de que siempre está bien lo que ella hace, al revés de lo que ocurre con las masas obreras capitalistas, cuyos actos parecen siempre propensos al yerro y a la falta, y necesitan frecuentemente de control y coerción externos.

Muchos teatros rusos han eliminado completamente el telón. El primero en dar el ejemplo fue el teatro Meyerhold. Ello obedece a un imperativo de mayor verismo escénico. Así la representación pierde en ilusión, pero gana en realismo. El telón es infantil y propicia el ensueño, la fantasía. El telón es la tapa del cofre mágico. Contiene un elemento de pueril y suma convención. Sugiere las ideas de escamoteo, de truco, de añagaza. Recuerda esos juegos de niños en que uno de éstos tiene que darse vuelta a fin de no ver los medios y la forma de que se sirve el otro para concertar el misterio o sorpresa que le prepara. El espectador, que ya no es un niño —por mucho que se esfuercen los estetas burgueses en hacer del arte un simple juego infantil—, ha renunciado al regalo de hadas que supone el telón y pide verlo todo con sus propios ojos materiales. Esta preferencia se manifiesta particularmente en los países donde el drama social de la Historia ha sido o es más descarnado y entrañable. Contra lo que quisieran sostener los artistas y críticos idealistas, la tragedia económica de hoy no tiene seguramente nada de ilusorio, de sueño ni de juego infantil. Este debate y conflicto dramáticos de nuestra época son de un realismo crudo y exento de ficciones. Más aún: la tragedia social de hoy está determinada por factores y hechos consumados e irrefragables de la Historia, que ninguna convención o voluntad pueden ahora desestimar ni destruir. Del mismo modo, el arte que se haga cargo de esa tragedia, también ha de tratarla y recrearla sujetándose en lo posible al mismo realismo y al mismo determinismo del conflicto. Por consiguiente, el elemento convencional del teatro —ya que este arte reposa más que ningún otro en la ficción— debe ser el mínimo posible y lo menos convencional. La concepción soviética del arte no admite la teoría de ciertas capillas literarias burguesas, según la cual las leyes artísticas son totalmente distintas de las leyes de la vida. Esta fórmula, a parte de ser arbitraria, es delicuescente y casuística, y expresa la manía cerebralista morbosa de las estéticas capitalistas.

Sin embargo, el teatro de la Unión Profesional conserva aún el telón, al levantarlo, irrumpe en la escena un estridente ruido de calderería. La acción de la pieza pasa en un taller de mecánica para transportes. El decorado es de una fuerza y de una originalidad extraordinarias. Mientras los demás teatros del mundo no salen de los consabidos decorados a base de residencias burguesas, castillos condales o, a lo sumo, de alquerías pastoriles, he aquí que los *regisseurs* rusos movilizasen la escena, por primera vez en la Historia, las fábricas e instalaciones electromecánicas, es decir, la atmósfera más pesada y a la vez más fecunda del trabajo moderno. Hela aquí, en su auténtica y maravillosa realidad, con todos sus resortes estéticos y su dinámica creadora. Es la *mise en scène* del trabajo. El aparato de la producción. La emoción que despierta el decorado es de una grandeza exultante. De las poleas y transmisiones, de los yunques, de los hilos conductores, de los motores, brota la chispa, el relámpago violáceo, el zig-zag deslumbrante, el tranquilo isócrono, los tic-tacs implacables, el silbido neumático y ardiente, como de un animal airado e invisible. No estamos ante una calderería simulada, fabricada de cartón y sincronizada con sones de añagaza. Es éste un taller de verdad, una maquinaria de carne y hueso, un trozo palpitante de la vida real. Los obreros se agitan aquí y allá, a grandes y angulosos movimientos, como en un gran aguafuerte. El diálogo es errátil y geométrico, como un haz de corrientes eléctricas. Los circuitos del verbo proletario y los de la energía mecánica del taller se forman y se rompen, superponiéndose y cruzándose a manera de aros de un *jongleur* invisible. Yo, que ignoro completamente el ruso, me atengo y me contento con solo la fonética de las palabras. Esta sinfonía de las voces ininteligibles mezcladas a los estallidos de las máquinas, me fascina y me entusiasma extrañamente. Podría seguir oyéndola, al par que, viendo el movimiento del taller, indefinidamente.

Este solo decorado vale toda una revelación teatral. Me basta para darme cuenta del alcance revolucionario de la escena soviética. Un teatro que es capaz de semejante *mise en scène*, tan audaz y tan radicalmente nueva, aporta, sin duda, un espíritu igualmente nuevo y revolucionario a la escena mundial. Sí. Se siente aquí la pulsación de un nuevo mundo: el proletario, el del trabajo, el de la producción. Hasta hoy los teatros se redujeron a tratar asuntos relativos al despilfarro de la producción, a su cosecha por los parásitos sociales, los patronos. Hasta hoy tan solo se nos daba en candilejas los dramas del reparto entre la burguesía de la riqueza creada por los obreros. Los personajes eran profesores, sacerdotes, artistas, diputados, nobles, terratenientes, comerciantes, hombres de finanzas y, a lo sumo, artesanos. Nunca vimos en escena la otra cara de la medalla social: la infraestructura, la economía de base, la raíz y nacimiento del orden colectivo, las fuerzas elementales y los agentes humanos de la producción económica. Nunca vimos como personajes de teatro a la masa y al trabajador, a la máquina y a la materia prima.[13]

13 Todo el teatro ruso es político y, más aún, teatro de la producción, teatro del trabajo. El teatro soviético no solo es político, como el de Piscator en Alemania, sino que es revolucionario dentro de la fábrica, militante dentro de la dinámica económica constructiva. Hasta tratándose de obras clásicas o de otros países, que carecen originariamente de intención política, los «regisseurs» soviéticos se la prestan, modificando a su arbitrio la contextura social de la pieza. Dentro de este plan, he visto en el Teatro Stanislavsky, *Hamlet*; *El zar Ivanovich* de Tolstoi; *El pájaro azul*, de Maeterlinck; *Los Karamazov*, de Dostoievski. En el Teatro Experimental, *Madame Buterfly*; en el Teatro Kamerny, *Los hijos de Dios*, de O'Neill; en el Teatro Juventud, *Los bandidos*, de Schiller; en el Teatro Meyerhold, *El revisor*, de Gogol, etc., obras todas sovietizadas. No entra dentro del carácter de este libro un ensayo detenido sobre el teatro soviético. Aquí, como en los

El tema de *El brillo de los rieles* se desarrolla en torno a la conciencia revolucionaria del obrero bolchevique, a sus deberes políticos y económicos dentro del Sóviet, a sus esfuerzos, dolores, luchas y satisfacciones clasistas, y a los peligros y enemigos de dentro y fuera del proletariado. Las escenas y actos transcurren en las asambleas obreras, ante una locomotora en construcción; en la dirección de la fábrica, en las habitaciones de los trabajadores, en los clubs proletarios. El centro dramático de la acción, el mito social de la pieza, causa y fin de todos los intereses, ideas y sentimientos en juego, está en el trance revolucionario de la Historia. A los dioses de la tragedia griega, a la hagiografía del drama medieval, a la mítica nibelunga del teatro wagneriano y a la simbología de la escena burguesa, sucede aquí la fábula materialista y viviente de la dictadura proletaria.

El obrero bolchevique, personificación escénica de los destinos sociales de la Historia, embaraza conscientemente todo el peso y la responsabilidad de la misión dialéctica de su clase.[14] Como en el drama sagrado, su alma está triste hasta la

---

demás temas y capítulos, me ciño tan solo a las grandes líneas generales y representativas del fenómeno ruso.

14 En el teatro soviético, como en todos los sectores de la vida y del arte rusos, han sido abolidos los protagonistas, los personajes centrales, los «roles» acumuladores de la acción y el interés escénico. Esta acción y este interés se hallan repartidos entre todos los personajes de la pieza. Los grandes actores no son grandes por la importancia y volumen del rol que ellos encarnan, sino por la perfección con que desempeñan el papel aun más banal o insignificante en sí mismo. Si nos empeñásemos en descubrir un protagonista en la escena soviética, ese protagonista sería la masa, es decir, la reunión de todos, la colectividad. En el cinema también han sido desterradas las «estrellas». Apenas, en *Tempestad en el Asia*, aparece una. Pero en *El acorazado Potemkin*, *El fin de San Petersburgo*, *Dos tanques blindados*, *El águila blanca*, *La línea general*, *El operador*, *El demonio de la estepa*, etc., no hay «stars» ni «vedettes». Hasta en la música, la orquesta ha su-

muerte. También tiene sus buitres, como el viejo Prometeo. Es el capitalismo extranjero, los kulaks y los nepmans, la ignorancia del mujik, el clero recalcitrante, Ginebra, los ingenieros y los técnicos, la burocracia soviética, las desviaciones de izquierda y de derecha del partido, la reacción blanca. Hay en esta pieza una escena culminante que por su grandeza trágica y universal recuerda los mejores pasajes de la Pasión y del drama esquiliano. El obrero director de turno del Consejo de fábrica vuelve a su cuarto por la noche. Vuelve fatigado. Su lucha con mil dificultades derivadas de la conducta de los otros y singularmente de su propia naturaleza humana ha sido hoy cruenta. El hombre, ¡ay!, es malo. La conciencia que el obrero tiene de sus deberes, de una parte, y de otra la convicción que tiene de las tremendas resistencias pasionales e interesadas, en que tropiezan y se estrellan sin

primido al director. Las «persin fanses», orquesta sin director, pueden ejecutar así todas las formas y géneros musicales, desde Wagner hasta Stravinsky, pasando por Bach y Beethoven. Políticamente, los grandes hombres (Lenin, Trotsky, etc.) no son objeto de esa idolatría individualista y endiosadora de que gozan los buenazos gobernantes burgueses de los países capitalistas. Interesado en sondar la opinión pública acerca de Stalin y Trotsky, he preguntado con frecuencia lo que las gentes piensan sobre ambos jefes bolcheviques. La conclusión que siempre he sacado es que nadie se ocupa del caso personal e individual de uno y otro. Stalin y Trotsky no existen ni interesan a nadie. Lo que existe e interesa a todos es la teoría y la acción de cada uno en función del interés revolucionario. Nadie se ocupa en discernir «quién vale más que el otro», ni «quién tiene más talento o más energía». De Lenin mismo, nadie se ocupa de su caso individual. Lenin es una idea, una acción revolucionaria, no una persona. Se le recuerda y se le cita por interés colectivo y en lo que él hizo de colectivo. Y ni «museo» leninista, ni casa «donde nació», ni anecdotario, ni leyendas. Apenas un Instituto Lenin, laboratorio central y viviente de la revolución social universal. Decididamente, en el Sóviet nos hallamos fuera de todo individualismo absorbente y en pleno colectivismo igualitario.

cesar los esfuerzos revolucionarios, batallan en su espíritu como dos fieras. Sus deberes son tan imperiosos e inquebrantables como son enormes e invencibles los obstáculos. Su drama moral es patético, desgarrador. Al entrar a su cuarto, halla a su hijo, de unos doce años, dormido en una banca. Su compañera está fuera, en su trabajo. Son las nueve de la noche. Una gran desolación siente hoy en el nido familiar. Así es la vida del trabajador revolucionario. Por ahora, el hogar ha cedido toda su importancia espiritual a la fábrica. No hay ya hogar sino por solo unos instantes cada día. La fábrica es hoy el verdadero hogar del obrero soviético. Cuestión de cantidades y de calidades. La familia clasista, no es más que la familia romana, agrandada y liberada.

El obrero no quiere acostarse. No podría dormir. Cavila y sufre. Piensa en sus esfuerzos ímprobos, acaso vanos e inútiles. Aquí está su hijo. Viéndole dormido, como una simple cosa pequeña y frágil, se le oprime el corazón. Su sacrificio personal, en favor del bien colectivo, no le concierne sino a él; pero el sacrificio de los suyos... Porque, al fin y al cabo, el hombre, cualquiera que sea su clase social, es un ser con instintos de padre y de marido. El socialismo no tiende a suprimir ni a aherrojar estos instintos, sino a hacerlos racionales, libres y justos. El orden social soviético es un orden revolucionario, y la revolución tiene sus exigencias provisorias, pero terribles. Entre estas exigencias está la quiebra momentánea de la familia, en sus viejas bases anquilosadas, y la concentración de todas las facultades e intereses sentimentales del obrero, en el taller revolucionario.

La vigilia dramática del trabajador culmina en un arranque desesperado. Toma un frasco y va a apurar su contenido. (¿Os acordáis de Sobol, de Essenin, de Maiakovsky? El suicidio en la sociedad soviética es uno de tantos residuos intermitentes y reacios de la psicología reaccionaria. Reaparece súbitamente y a mansalva.) Pero el obrero vacila. Lucha todavía. Es la hora del sudor de sangre y del «Aparta de mí este cáliz». Al levantar el frasco, una mano se lo impide repentinamente. Es la mano del hijo, que no dormía. El movimiento de éste es de un sentido social trascendental.

Por la masa de espectadores cruza un escalofrío.

—¡Viva la revolución social! —exclama la multitud...

Al salir del teatro busco al albañil. Son las doce de la noche. El albañil me estrecha la mano, apurado:

—Hasta luego.

—¿Cómo? —le digo—. ¿Se va usted?

—Es hora de dormir. Hasta mañana.

Desaparece entre la multitud.

—¿Y su compañera? —le pregunto a mi intérprete.

—Debe volver también a su cuarto a esta hora. Nadie está en su casa antes de las doce. Todo el mundo tiene algo que hacer socialmente hasta esa hora. Si no es en el trabajo, según la rotación de los equipos de obreros, es en conferencias, teatros, lecciones, sesiones de comités o de consejos, estudios en las bibliotecas, etc.

—Pero entonces, la vida familiar del albañil y su compañera se reduce...

—A dormir juntos y a algún encuentro fortuito durante el día.

—¿Y las demás parejas?

—Es todavía peor —exclama en tono de censura la señora—. El hombre y la mujer se ven una hora en veinticuatro, o dos o tres veces una hora a la semana.

—¿Por qué semejante abandono del hogar?

—Porque así lo reclaman, según se asegura, los quehaceres del taller y de la revolución social.

—¿Pero se quieren a pesar de todo?

—Así dicen.

—¿Y los celos?

—Estos ya no tienen celos.

He podido advertir un hecho muy significativo y que acaso puede explicar en parte la ausencia de celos, tanto en los hombres como en las mujeres rusas. Son románticos, en la acepción vital de la palabra. Es decir, no son ligeros ni variables de sentimiento. La garantía de firmeza y lealtad en el amor reside en la propia contextura psicológica del ruso. De otro lado, las gentes viven absorbidas, como he dicho ya, en el entusiasmo y las tareas colectivas de la revolución, y el deliquio sentimental ocupa en la vida pocos instantes. «No somos sino militantes —dice Gladkov—. Apenas nos tocamos simplemente, humanamente, nos sentimos como ciegos y cada cual se repliega en sí mismo.»

Tales son la vida diaria y la filiación social del obrero ruso, ni bolchevique ni reaccionario, sino simplemente soviético.

X. Los reaccionarios. La dictadura proletaria y la burocracia subalterna. A propósito de un artículo de Poincaré

El ruso reaccionario pasa por Moscú como un fantasma herido y rencoroso. Asiste a la nueva realidad desconcertado y a la fuerza. Va a paso lento e inseguro, mirando con recelo y desconfianza en torno suyo. Ni centro de gravedad en sus piernas, ni en su cabeza, ni en sus intereses. Los métodos y disciplinas soviéticos se le antojan tan extraños e inaceptables que le han neutralizado, reduciéndole a una impotencia absoluta. Su rol social resulta así nulo. No es un actor, sino un espectador de la realidad. No vive, sino se sobrevive. Es un nostálgico y no un pragmático. Así lo revela su modo de preguntar y de responder, su modo de guardar silencio y de moverse. Es un acorralado y un perdido sin remedio. Los trece años de gobierno soviético le han convencido de su derrota definitiva. No le queda más que consentir, ya que no puede oponerse ni protestar.

Si es un nepman, le veremos casi siempre detrás de su pequeño mostrador, abstraído y presa de constantes alarmas e inquietudes. Su restorán, o café, o tienda de zapatos —una ratonera oscura y ruinosa— aparece de ordinario sola y sin clientes. El nepman, en su inútil e inoperante afán de defender y acrecentar sus intereses, no los descuida ni sale nunca de su agujero. Acaso, por otro lado, es de miedo o por misantropía que no frecuenta la calle ni la ciudad. Grandes son el desprecio y la aversión en que le tiene el mundo entero. Su presencia es, en todas partes, una lacra, atrayéndose las miradas hostiles y acusadoras. Algunos de ellos parecen desafiar al medio, vistiendo con una insultante elegancia de nuevo rico. La mayoría, al contrario, trata de bajar la cerviz para amenguar el odio envolvente. Pero, en general, el nepman lleva una vida fugitiva y azorada. No hay cosa que inspire mayor lástima que su figura asustadiza y atormentada de prestamista clandestino.

Si el ruso reaccionario es un obrero, le veremos igualmente presa del desconcierto ante la nueva vida, en la que toma parte solo materialmente, forzado por la necesidad económica. En el fondo, su desolación y su inquietud son mayores que en el nepman. En éste se trata, sobre todo, de un conflicto o drama económico. En aquél, de una tragedia subjetiva, espiritual. En el primero, la mentalidad reaccionaria o neutral —que es lo mismo— no cambia con la revolución. En el segundo, ella sufre diariamente el contacto envolvente de la fábrica bolchevique, que la influye y agita hasta hacerla vacilar, aunque no logre convertirla. La independencia económica, en el nepman, protege y defiende su viejo acervo espiritual. La pobreza, en el obrero, le expone al comercio social circundante, cuyas ideas y sentimientos nuevos le penetran sutil y escurridizamente, tratando de derribar los menguantes, pero aún bastante fuertes y dominantes, de su espíritu conservador. Este obrero no es, ciertamente, un bolchevique, ni lo será acaso; mas tampoco es ya del todo un conservador, su vieja fe social se halla ya bastante quebrantada. Tal es su tragedia personal, su encrucijada insoluble, que se refleja en todos sus actos cotidianos. Su trabajo carece de impulso social y de intención política. En la fábrica le veremos realizar fríamente su faena, sin poner en ella ninguna fe colectiva y sin concederle más trascendencia que el provecho personal del salario. Si cumple sus deberes y obligaciones proletarias, lo hace por conservar su puesto y no por cooperación consciente y voluntaria a la obra común del Estado. Esta negligencia social va hasta derivarse en sus maneras, en su traje, en la expresión de su fisonomía. Es reacio a todo sentimiento de comunidad celular, sindical o simplemente clasista del obrero soviético. En las asambleas de fábrica, a las que está obligado a asistir por prescripción legal, permanece en silencio, indiferente. Al lado de la alegría y del entusiasmo colectivos de los otros, su mirada expresa una neutralidad e incertidumbre de sonámbulo. Nunca va a los clubs obreros. Prefiere permanecer en su casa o pasear por las calles con su mujer, ofreciendo el espectáculo de la típica pareja obrera capitalista o pre-soviética.

Un día he encontrado en el Museo del Ejército Rojo a dos ferroviarios, Fiedotov y Flavinsky, de unos cuarenta a cuarenta y cinco años ambos. Los he abordado con el pretexto de pedirles que me esclarezcan ciertos signos eléctricos del mapa biográfico de Lenin. Mi intérprete se negó a hablarles, diciéndome:

—No vale la pena, porque creo que son campesinos que no han de saber nada.

Pero en mi afán de explorar en lo posible la opinión, estado de espíritu y género de intereses de los diversos sectores sociales rusos, he insistido y, al fin, he hablado con Fiedotov y Flavinsky. Al cabo de largos prolegómenos en la conversación, destinados a vencer su desconfianza, me han dicho, saliendo del Museo:

—Nosotros no sabemos nada. Somos simples obreros. Nada tenemos que ver con la política.

Me doy cuenta en el acto de que me hallo ante gente reaccionaria. Mi curiosidad se aviva y no quiero perder la ocasión de oír opiniones contrarias al régimen. ¿Lo lograré ahora? Porque no olvido que Rusia vive bajo una dictadura franca e implacable, y que pocos se atreven, dentro de ella, a atacarla al aire libre. Pero mi tenacidad y mi paciencia, al fin, lo logran. A ello me ayuda mi intérprete, cuya fobia por el régimen abre a los ferroviarios el camino de las confesiones y elimina en ellos todo temor y toda desconfianza.

—¿A qué hora trabajan ustedes? —les pregunto.

—A las dos de la mañana.

—¿Dónde trabajan?

—En el terraplén del ferrocarril al Cáucaso.

—¿Cuántas horas dura su trabajo?

—Siete horas.

—¿Menos que otros obreros?

—Menos horas, porque trabajamos, a veces, por la noche y a la intemperie.

—¿Están contentos de su trabajo y de su género de existencia?

—Y así no lo estuviésemos...

—¿Y del Gobierno?

—Eso no nos va ni nos viene...

Ambos observan en torno nuestro. ¿Tienen miedo de ser oídos? Apuramos entonces el paso en dirección de las orillas del Moscova. La noche viene. Un poniente de octubre, luminoso, tiñe de oro desesperado las cúpulas bizantinas del Kremlin.

—¿Hay mucha vigilancia policial?

—No es de la policía de la que hay que cuidarse, sino del pueblo mismo. En Rusia todos son policías. Cada obrero es un agente.

—¿Cada obrero partidario del Sóviet?

—Pero como casi todos son sus partidarios, los que no lo son viven controlados y espiados por todo el mundo.

—¿Lo que prueba que el régimen es popular?

—Popular a la fuerza. Popular después de muchos años de obligar al pueblo a querer a sus verdugos. Porque Stalin y sus secuaces son tan déspotas y tiranos como fueron los zares o peor.

—Es la dictadura proletaria.

—No lo sabemos. Lo que sabemos es que la revolución no nos ha traído la libertad, como muchos lo imaginaban, sino la esclavitud más descarada y cínica.

Bordeamos el río en la penumbra. Por este lado el muelle es un desierto. Apenas se oye abajo, sobre las muertas aguas del río, las voces de los adolescentes bateleros que hacen el servicio de transporte de gente de una orilla a otra.

¡La libertad! Comprendo inmediatamente la mentalidad de los dos ferroviarios. A ellos no ha llegado —porque voluntariamente no lo han permitido— la noción leninista del Estado. Ignoran que mientras el Estado exista, la libertad será imposible. El Estado es, por definición, el instrumento de dominación social de una clase sobre las demás clases. En tanto la sociedad esté estructurada en dos o más clases sociales, el Estado y, con él, la negación de la libertad, serán inevitables. Decir Estado, proletario o capitalista, es decir dictadura, ausencia de libertad. La diferencia está en esto: que el Estado proletario es una dictadura de la mayoría trabajadora sobre la minoría de parásitos, mientras que el Estado capitalista es la dictadura de unos cuantos explotadores sobre la masa de productores. Por otra parte, la dictadura soviética es franca, descubierta, legal, mientras que el régimen «democrático» burgués, liberal y parlamentario, es una dictadura encubierta, hipócrita, disimulada, *faconnée*, odiosa. En fin, la dictadura soviética tiende a suprimir la armazón clasista de la sociedad —causa y origen del Estado y de la propia dictadura—, iniciando y construyendo, poco a poco, la forma socialista de la convivencia, dentro de la cual el derecho y la obligación individuales se cumplan espontáneamente y sin necesidad de coerción estatal, mientras que la dictadura capitalista consolida y ahonda más y más, y quiera o no quiera, la división de clases. Digo que quiera o no quiera, porque así no lo quisiera, siempre existiría la división de clases, ya que esta división condiciona la razón de ser y la existencia misma de los intereses clasistas que gobiernan. Para la clase capitalista, destruir la división de clases equivaldría a suicidarse. La prueba está en que no la destruye. Por lo demás, la abolición de la sociedad estructurada en clases no es sino una parte de la empresa de supresión del Estado. La otra parte, la más importante y la decisiva, consiste en crear el nuevo tipo de sociedad que ha de reemplazar al tipo clasista y que, según parece, no será otro sino el socialista. Supongo que nadie ha de sostener ya seriamente que la sociedad futura será corporativa. Recuérdese que de lo que se trata es justamente de suprimir el Estado. El sindicalismo corporizado bajo un órgano supremo de control, lejos de suprimirlo, lo fortifica. Causa en verdad estupor de ver cómo hay aún gentes para quienes el fascismo y el comunismo no acaban todavía de deslindar sus fronteras en la historia. No logran convencerse de que el *fascio* conduce a la barbarie, mientras que el Sóviet conduce al porvenir.

Les digo a los ferroviarios:

—¿Es que son ustedes esclavos? ¿Cuáles son sus yugos y sus cadenas?

—Hace pocas semanas —me responden— se condenó a dos años de prisión a un conductor del tren de la línea en que nosotros trabajamos porque, según se cree, conducía su locomotora con negligencia intencional.

—¿Es posible?

—Se le acusó así de querer socavar al régimen, causando daños en la buena marcha del transporte.

—¿Y, era eso cierto?

—Una mera calumnia.

—¿Pero a quién le interesaba perder así al conductor? ¿El Estado, supongo, no tenía ningún interés en ello?

—Eso no lo sabe nadie. En todo caso, es la maldad humana o la gana de exigir del trabajador más celo y más esfuerzo de los que humanamente le son posibles. El Sóviet es muy exigente. Esquilma a los obreros. Se nos somete y vivimos casi en un régimen de trabajos forzados.

Los ferroviarios tocan un tema de gran actualidad: «el trabajo forzado en la Rusia del Sóviet». Con ocasión del llamado dumping soviético, de que se quejaron últimamente los gobiernos capitalistas, Mr. Raymond Poincaré escribía un artículo en *L'Excelsior*, de París, acusando al Sóviet de someter al proletariado ruso a un verdadero sistema de trabajos forzados, con el único fin de obtener un exceso de producción destinada a ser vendida en el extranjero más barata que la de los productores capitalistas. ¿Es verdad que en Rusia existe ese sistema de trabajo? ¿Es verdad lo que dice Poincaré y lo que me decían Fiedotov y Flavinsky?

El trabajo es en la sociedad burguesa «libre». «Libre» en cuanto a que el individuo puede o no trabajar, y «libre» en cuanto a que puede escoger, según su sola inclinación personal, tal o cual oficio, profesión o actividad industrial. Jurídica y legalmente, la «libertad» de trabajo es inalienable. Hay el derecho a trabajar y hay también el derecho a no trabajar. Hay el derecho de ser zapatero y hay el derecho de no serlo y de ser, en cambio, farmacéutico o ministro. Estamos en un régimen facultativo y discrecional. El que no trabaja no inflige el orden jurídico y legal, así como no lo inflige aquél que, pudiendo, por capacidad heredada o adquirida, ser ingeniero, no lo es y prefiere, verbigracia, ser dramaturgo o banquero. La ociosidad es, a lo sumo, inmoral, pero no es un crimen, y ni siquiera es el incumplimiento de una obligación de simple derecho civil. El haberse equivocado de oficio o de profesión es cosa que ni siquiera llega a la categoría de inmoral. Todas estas normas son, en la sociedad burguesa, de práctica y uso corrientes.

En la sociedad soviética, el estatuto social del trabajo es otro. El ejercicio del trabajo cesa de ser una libertad para constituirse en una obligación, y no ya simplemente moral, sino jurídica y coercible ante la ley. El trabajo es una obligación en cuanto a que el individuo debe siempre trabajar, y en cuanto a que no es de su sola incumbencia personal optar por tal o cual oficio, profesión o actividad. Aquí residen dos de las más esenciales diferencias entre la concepción burguesa del trabajo y la concepción soviética.

Dentro de la primera hay el error de entender por libertad de trabajo lo que, en verdad, no es más que un libertinaje. El trabajo, material o intelectual es, en efecto, una ley esencialmente humana. Se argumentará que ésta no es una ley universal, citando el caso de ciertas especies zoológicas que no trabajan, tales como los marmas y los zánganos. Los filósofos antiguos han podido, asimismo; predicar el desprecio al trabajo, considerándolo como degradante para el hombre. Pero conviene rechazar el primer argumento, recordando el lindero que, desde este punto de vista, existe entre la sociedad humana y la sociedad animal. Ya el socialismo utópico cayó, hace cien años, en el error de identificar ambas sociedades, en su mecánica y destinos esenciales, tomando la convivencia de las bestias como modelo de la convivencia humana. Marx destruyó este absurdo, que, como casi todos los principios del socialismo utópico, es en el fondo burgués y hasta reaccionario en medio de su fachada revolucionaria.

Por lo que respecta a los filósofos antiguos, se trata de una opinión de elite, de una postura aristocrática, de la moral clasista de los parásitos que viven a expensas del obrero o del esclavo y para los que Lafargue reclama, burlándose de ellos, un derecho a la pereza.

En la sociedad humana, el trabajo —material o intelectual— es, pues, ley y destino propios e ineluctables del individuo. El que inflige este destino y esta ley social de nuestra naturaleza no ejerce, como creen los profesores burgueses, una libertad ni un derecho, sino que más bien atenta contra sí mismo y contra la colectividad, y comete un delito. El feliz heredero de una fortuna, que no trabaja porque no necesita trabajar, y que pasa su vida entre ocios y placeres, es y debe ser considerado como delincuente. En idéntico caso se hallan el vagabundo, el bohemio, el sacerdote, el político profesional y demás manos cruzadas de la sociedad burguesa.

El escoger por sí solo y sin ninguna responsabilidad ante los otros una profesión u oficio no es tampoco una libertad. Una tal elección debe ser resultado de un acuerdo paritario, tácito o expreso, entre el individuo y el Estado. Los errores en que puede caer una persona al optar por deliberación y actos suyos exclusivos, un género cualquiera de trabajo, no solo los sufre el individuo, sino también la sociedad. De otro lado, una sociedad organizada racionalmente —como debe ser la sociedad humana— necesita de fuerzas y aptitudes individuales que varían siguiendo el ritmo y las modalidades de la vida y desarrollo colectivos. A veces el interés social necesita más de profesores que de sastres o más de electricistas que de músicos. Las vocaciones individuales deben, por consiguiente, ser francamente dirigidas y controladas por el Estado, inspirándose en las disposiciones del individuo y secundado por éste. De otra manera, no es posible ningún orden social, ninguna creación colectiva.

Pero los perezosos, en resumidas cuentas, no sostienen su teoría con el carácter colectivo general que pudiera creerse. Es, de una sola pieza, una teoría clasista. El derecho a la pereza de Poincaré, como el de los filósofos antiguos, expresa y defiende una postura aristocrática. Esta fórmula fue inventada y sirve únicamente para legitimar y justificar el parasitismo de los patronos y de los dirigentes sociales, pero no para autorizar la ociosidad de los obreros, verdaderos productores de la riqueza. En el terreno práctico, ¿quiénes trabajan y quiénes no trabajan? ¿Quiénes son libres de escoger su oficio o profesión y quiénes no lo son? El obrero está constreñido siempre a trabajar, no ciertamente por mandato expreso de una ley penal, sino porque a ello le fuerzan las necesidades en que le ha colocado el sistema capitalista. Si el obrero pretendiese hacer suyo el famoso derecho a la pereza y ejercitarlo, perecerían él y su familia de miseria, aparte de que cesaría la producción y vendría la bancarrota social. En cambio, los propietarios y capitalistas sí que son libres de trabajar o no, sin que en este último caso cesen de vivir siempre en la abundancia. También pueden sus hijos elegir libremente ser médicos, abogados o comerciantes, mientras que los hijos de los obreros, desde los siete años de edad, son forzados por la necesidad a trabajar y ganar, de modo inmediato y en lo primero que pueden, un salario, aun contra sus vocaciones, y, lo que es peor, violentando y atrofiando sus energías y posibilidades nacientes.

—Lo mismo sucede —añaden los ferroviarios— con muchos técnicos y profesores a quienes el Sóviet persigue y castiga severamente por el solo hecho de que no trabajan más o no son de mejor calidad sus obras. No pasa mes en que la

Guepeu[15] no juzgue y condene a diversas personas a la prisión, al destierro y otras penas por parecidos delitos. Eso es inicuo. Los trabajadores están por eso cada día más descontentos. ¡Maldita revolución!...

Es ésta la misma queja que se oye en boca de los capitalistas extranjeros. Se vuelve aquí a olvidar que el régimen soviético es y será por mucho tiempo un régimen social revolucionario. La revolución proletaria no fue únicamente la toma del poder, ni la guerra civil que la siguió, ni el comunismo de guerra. Estos hechos y etapas no fueron más que los episodios militares y políticos de la revolución obrera. Lo que ésta tiene de más profundo y que la inviste de un significado histórico superior al de las demás revoluciones sociales de veinte siglos a esta parte, es el salto económico, la transformación de base de las relaciones de la producción. Y esta transformación no se hace en un año ni en veinte, para que en Rusia pueda imperar ahora la tranquilidad completa. No. La revolución económica continúa realizándose, y su realización entraña, como toda revolución, un régimen excepcional de fuerza, una dictadura de hierro. «Una revolución sin terrorismo —ha dicho Trotsky— no es una revolución.» La historia de las revoluciones proletarias es, a este respecto, muy ilustrativa. Marx y Lenin están acordes en atribuir el fracaso de la Comuna de París a la falta de energía de sus jefes para retener el poder, destruyendo al enemigo con puño implacable. El Consejo Central de la Comuna, integrado en su mayor parte por pequeños burgueses del temple liberal de Blanqui, pecó de debilidad y de sentimientos humanitarios con el enemigo de clase, dando así tiempo a Thiers para rehacer sus huestes, aun pactando con las legiones prusianas, y para tomar luego la ofensiva contra el Gobierno comunal.

15 Policía secreta. (N. del E.)

La soldadesca de Versalles, al atacar París, sí que fue feroz e implacable con las masas obreras. Ese humanitarismo de la Comuna, más liberal que el liberalismo puro de la hipócrita burguesía, la perdió.

La revolución rusa no parece dispuesta a correr igual suerte. A la base de todo el sistema del derecho soviético está plantada, como una roca inamovible, la razón revolucionaria. En particular, el derecho penal reposa casi por entero en la defensa del interés revolucionario. En la escala de los delitos, corresponde el primer puesto al delito contra la revolución. Esta suma gravedad del crimen político en Rusia corresponde, por lo demás, a la que tiene este mismo delito en la sociedad burguesa. La diferencia radica de un lado, en que aquél es un delito contra la revolución, mientras que éste es contra la conservación del Estado, y, de otro lado, en que el primero consiste en la comisión de actos delincuentes por faltas positivas y por omisiones, mientras que el segundo consiste solo raramente en omisiones. En esta última diferencia reside, sobre todo, la mayor severidad del sistema penal soviético. Una serie de omisiones o negligencias más o menos conscientes y evitables entrañan ya una conducta delincuente. Y es que una situación social revolucionaria contiene intereses colectivos infinitamente más sensibles al daño de una conducta individual que los intereses sociales de un Estado conservador. En el primer caso, dichos intereses son violentos, y el régimen en que se apoyan es también violento. La situación social revolucionaria, en suma, es la batalla permanente. Ella juzga, por consiguiente, a los que faltan contra ella, en simples y fulminantes sumarios de guerra. De otro lado, la razón revolucionaria se halla, en Rusia, en todas partes, al punto de que pocos son los actos del individuo que no la rocen. ¿Por qué esta extensión del interés político? Porque los intereses del Estado soviético se hallan asimismo en todas partes: en los ferrocarriles, en el comercio, en los bancos, en las fábricas, en el campo, en las habitaciones, en los cuarteles, en los centros de enseñanza, etc. De aquí que un incumplimiento del deber de un trabajador en su trabajo, que, dentro de la sociedad burguesa, no pasa de una infracción civil contra la propiedad particular en que ha sido cometido, resulta ser, en régimen soviético, una falta contra el Estado, un ataque a la razón revolucionaria, un delito político.

No hay, pues, que escamotear el sentido histórico y jurídico de las represiones del Gobierno ruso, represiones que los enemigos del Sóviet exageran y desnaturalizan criminal y tendenciosamente. El interés revolucionario que el Sóviet encarna y en cuyo nombre y defensa opera, está justificado, no solamente por los motivos específicos de táctica histórica a que acabamos de aludir, sino también, y sobre todo, por las dos consideraciones siguientes: primeramente, porque este interés es el de la mayoría que trabaja y produce la riqueza colectiva, y en segundo lugar, porque él trata de realizar y realiza, poco a poco, el ideal de una mejor sociedad humana, sacrificando al servicio de esta empresa gigantesca la vida, la paz y el bienestar momentáneos de esa misma mayoría.

Todo esto les digo a Flavinsky y a Fiedotov. Pero no les convenzo.

—Se nos arroja de todas partes. El obrero encuentra cerradas para él todas las puertas del Gobierno. ¿Ha estado usted en los ministerios?

—Sí, en algunos. ¡El funcionarismo subalterno soviético!... Una plaga de parásitos y de traidores, de déspotas e ineptos, procedentes en su mayoría de los antiguos cuadros zaristas y de otros sectores extraños y hasta enemigos del mismo Sóviet.

Los dos obreros vociferan a la vez:

—Ellos, los funcionarios subalternos son los verdaderos gobernantes de Rusia. Son los nuevos zares. Grandes pícaros y grandes ociosos. Se pasan la vida fumando y tomando té. Y somos nosotros, los trabajadores, los que pagamos todo. ¿Y la papelería?

—Lo sé. Otra sarna del régimen.

Realmente, Stalin y sus compañeros deberían extirpar cuanto antes, y cueste lo que cueste, una tamaña epidemia social como es el funcionarismo subalterno. No basta la voz de alarma que constantemente lanza el partido contra este mal de régimen. El problema de renovar y depurar los cuadros funcionariles es de mayor urgencia y gravedad que las que se le atribuye ahora. Así lo estimaba ya el propio Lenin. No es exagerado sostener que este mal constituye el peor enemigo interno del Sóviet. Todos los defectos, aberraciones e injusticias que los adversarios de la revolución o ignorantes de ella atribuyen al régimen, son cometidos únicamente por los funcionarios subalternos y son de su exclusiva responsabilidad. Los jueces y tribunales, los técnicos e ingenieros, los ministerios, el profesorado y hasta parte de los centros culturales superiores, están contaminados por el mal. La arbitrariedad; la rutina, la indolencia y el despotismo se han entronizado detrás de cada escritorio y de cada ventanilla. Yo he podido observar el caso en muchas oficinas y, señaladamente, en los Comisariatos de Gobernación y de Relaciones Exteriores. Parece que la lepra burocrática corroe con mayor virulencia las esferas administrativas que más vinculadas están con el extranjero. La razón es clara. Primeramente, ellas están servidas por elementos de larga ejecutoria funcionaril, por no decir ya casi aburguesados. En segundo lugar, la situación especial de estas oficinas tan cerca del mundo e intereses capitalistas extranjeros, parece favorecer la pendiente burocrática de los intereses individuales del funcionario. Esta vecindad influye, sin duda, profundamente en la psicología de muchas oficinas, como son los ministerios ya citados, la Komintern, la Profintern, la Mopr, la Voks, y algunos centros técnicos y científicos. Si el partido no barre el mal cuanto antes, la revolución corre con él un gran peligro.

Mucha literatura se ha hecho en el extranjero sobre los abusos del régimen soviético. Panait Istrati ha publicado, a este respecto, el panfleto más apasionado y exagerado, pero a la vez el más documentado y minucioso. Sus acusaciones son, en parte, fundadas. En lo que no estoy acorde con Istrati es en la determinación de los responsables de esos abusos ni en la interpretación de éstos dentro del proceso revolucionario ruso. No es el régimen el responsable, ni tales abusos significan el fracaso de la revolución. Los responsables son únicamente los subalternos de la administración, y las exacciones, expoliaciones y demás injusticias que éstos cometen con las masas obreras y campesinas constituyen los gajes inevitables y momentáneos de la revolución. Prueba de lo primero son los constantes procesos y castigos que por tales abusos impone el régimen a los funcionarios culpables. Prueba de lo segundo son el éxito del Plan Quinquenal y la confianza creciente del proletariado de dentro y fuera de Rusia en la justeza de la línea revolucionaria del partido. Realidades son éstas que desmienten con hechos las injurias y cargos que Istrati y compañía lanzan, en un rasgo de empirismo y sensiblería, sobre la revolución y sus jefes del Sóviet.

Una demostración de que los abusos que se cometen en Rusia son de la exclusiva responsabilidad de los funcionarios subalternos, y de que tales abusos, lejos de significar la bancarrota de la revolución, no pasan de hechos limitados y dispersos, con alcance meramente individual y pasajero, la podemos hallar en el incidente que decidió a Istrati a atacar al Sóviet y a condenarlo como el régimen más retrógrado y sanguinario de la Historia. Ese incidente que, según parece, vino a llenar ya la medida de los abusos presenciados por Istrati en Rusia, se reduce a lo siguiente: la familia de un buen amigo suyo, Russakov, tuvo una riña más o menos boxeril y doméstica con una bolchevique de Leningrado, encargada por el Sóviet de Locatarios de informar acerca de las transformaciones que era necesario introducir en la casa donde los Russakov ocupaban un confortable departamento. Russakov debería, según el informe, ser cambiado de alojamiento, con el fin de que éste fuese parcelado y distribuido equitativamente, según las necesidades colectivas del caso. He aquí todo el incidente. He ahí todo el abuso y toda la atrocidad del régimen proletario. Los lectores se asombrarán seguramente de que un motivo tan fútil y de carácter tan particular influya en el espíritu de Istrati hasta el punto de trastornarle la cabeza y decidirle a condenar para siempre a la misma revolución que él ha alabado hasta hoy con el mismo fanatismo con que ahora la injuria.

Y si esto acontece con un gran novelista, ¿qué de particular tiene que los otros transeúntes no hagan otro tanto? Parecida manera de juzgar los acontecimientos de la Historia he visto producirse y reproducirse al infinito entre los honrados e imparciales viajeros que visitan Rusia. Un escritor portugués desembarcó en Leningrado y, habiéndosenos obligado a esperar en la sala de la Aduana dos horas largas, antes de otorgarnos el pase libre en el país, mi colega empezó a indignarse:

—Ya ve usted —me dijo en tono muy serio, como si por su boca estuviese hablando la posteridad—. Esto es peor que en los países burgueses. ¡Dos horas de espera en la Aduana! No puede ser. Se me antoja que lo de socialismo y otras zarandajas revolucionarias no pasa de meras añagazas y mentiras.

Mi colega condenaba de hecho al régimen soviético solo porque la espera en la Aduana fue de dos horas y no menos.

Un alemán, en Moscú, tuvo ganas una mañana de confitura de albaricoques. Salimos del hotel a buscar el dulce, y tras de recorrer varias calles, no alcanzamos a distinguir una tienda de confituras. El alemán imprecó entonces enérgicamente:

—¿Y esto se llama socialismo? ¿Socialismo es un país donde no se puede comprar un dulce tan corriente y abundante en las capitales burguesas? Créame usted que por este camino me voy formando una triste idea del Sóviet...

¿Y qué decir de los corresponsales viajeros que envían a Rusia los grandes rotativos del capitalismo extranjero?

Con todo, fuerza es reconocer que la repetición de los abusos funcionariles exige de parte del Comité Central mayor atención. El desprestigio que estos abusos acarrean al régimen puede aumentar y adquirir peligrosas proporciones. De otro lado, los propios intereses de la edificación socialista imponen una inmediata y radical depuración de los cuadros burocráticos soviéticos. No basta, repito, que el Comité Central se dé cuenta del mal y que despliegue la propaganda que hoy despliega contra él: por el teatro, el cinema, la radio. De lo que se trata es de aplicar a los hechos mano más fuerte, sanciones más severas y remover, en lo posible, el personal.

Juzgado el caso con cierta detención, no es difícil reconocer en él un signo de crisis democrática del régimen. Este burocratismo y sus abusos expresan la existencia de gérmenes de estancamiento en el sistema circulatorio del espíritu de masa en el Sóviet. Estos gérmenes, de no ser sanados y renovados los cuadros, pueden ir fortificándose y polarizándose en núcleos capaces de adquirir luego tendencias clasistas, con intereses y mentalidad particulares, diversos y hasta contrarios a los de la colectividad de base. Los recientes procesos y condenas de profesores e ingenieros del partido industrial deben ser una alarma para la revolución, sobre los múltiples peligros que, desde el punto de vista de la existencia del régimen y de la edificación socialista, representa la actual estructura y funcionamiento de los cuadros soviéticos. La creciente burocratización, en extensión y hondura, de estos cuadros, puede provocar una crisis semejante a la que sufrió el mecanismo del régimen en 1921, en la víspera de la Nep.

No desconocemos las serias dificultades que para zanjar este problema encuentra el Sóviet. Las filas del proletariado carecen aún de preparación para estos servicios. El zarismo mantuvo a los trabajadores en la abyección, y el Sóviet no puede hacer milagros. Aquí, como en lo tocante a los cuadros técnicos y de ingenieros, la proletarización del personal es irremediablemente lenta y dura. Conviene, sin embargo, redoblar la atención y los esfuerzos al respecto. La tarea es tanto más hacedera cuanto que el aspecto profesional es aquí ínfimo, para dejar libre acceso a las fuerzas e iniciativas elementales de base. Más todavía. No solo estamos aquí ante un dilema administrativo, sino ante un viraje económico, pues todos están de acuerdo en que la polarización de estos servicios dará también por resultado un cambio profundo de los métodos actuales, acentuando su contenido constructivo socialista. Urge, pues, traducir en tangibles y más vastas realidades el imperativo de que «la revolución socialista, a cada nueva etapa de su desarrollo, lanza al ruedo de la lucha social y política, llama a la gestión del Estado a nuevas capas de trabajadores que, en la sociedad capitalista, están en el último peldaño de la evolución cultural y social».

—¿Por qué —les pregunto a Fiedotov y a Flavinsky—, por qué no pone fin a estos males el Comité Central?

—Parece que es por miedo, y también porque si echa a la calle a estos zánganos no dispone de personal capacitado para reemplazarlos. Aunque eso no es más que una rutina, siempre se necesitan ciertas aptitudes.

—¿Y por qué no se forman estas nuevas aptitudes con gente de base, con elementos netamente obreros?

—Dicen que así lo están haciendo, pero aún no se ven los resultados prácticos.

—¿De qué origen son los funcionarios actuales: burgueses o proletarios?

—Son en su mayoría del régimen zarista convertidos al Sóviet. Otros son burgueses extranjeros —alemanes e ingleses—, y muy pocos salidos de la masa.

—¿Y esos convertidos?

—No hay tal conversión. Son unos hipócritas que esperan la primera ocasión para sabotear el régimen.[16] Son los peores enemigos encubiertos del Sóviets.

De donde resulta que contra quienes se quejan, en realidad, Fiedotov y Flavinsky, es precisamente contra los propios elementos reaccionarios del oficinismo soviético, es decir, contra sus correligionarios políticos, que forman tácitamente con ellos en el frente común subterráneo contrarrevolucionario. Los dos ferroviarios no se dan cuenta de que lo que aún hay de reprochable en el Sóviet son justamente las

---

16 Gran parte de los temas de la producción cinemática y teatral soviética giran en torno a las precauciones de clase que hay que tomar con estos funcionarios burgueses adheridos formalmente al Sóviet. *Komandaron* es un drama de este carácter, y Meyerhold nos lo ha revelado como una obra maestra en el género.

supervivencias zaristas, lo no revolucionado todavía. En vez de exclamar: ¡Maldita revolución!, deberían, pues, ser más lógicos y exclamar: ¡Maldita reacción!

—¿Y ustedes? —les pregunto.

—Yo soy —dice Flavinsky— y he sido siempre obrero. Mi compañero, no.

—Yo —dice Fiedotov— he sido hasta hace poco comerciante, dueño de un restorán: un nepman, como dicen los bolcheviques. El Estado me arruinó con impuestos. Tuve después que proletarizarme. Yo me habría ido de Rusia, pero me quedé sin un kopek y con familia.

Este es el destino de los nepmans y de los kulaks: la ruina, más o menos próxima o lejana, pero cierta e inevitable. El Sóviet restableció en 1921 el pequeño comercio, la pequeña propiedad particular, con el objeto de remover y avivar, con el estímulo de las utilidades individuales, la economía del país, a la sazón en crisis aguda. Fue la creación de la Nep. Pero la creó para ir matándola a poco, a medida que se desarrollara la economía colectiva del Estado. ¿De qué medios se sirve el Sóviet para matar al nepman creado por él? De la creciente competencia que le hace el comercio de Estado, en rápida progresión, por un lado, y por otro, de los impuestos. El pequeño propietario —nepman o kulak— resiste al comienzo, pero al fin sucumbe. Si entonces le queda algún dinero, se marcha al extranjero. Si no le queda nada, como a Fiedotov, se proletariza. En cualquiera de estos casos, el nepman y el kulak siguen siendo, como es de suponer, enemigos jurados y mortales del Sóviet.

—¿Están ustedes sindicados?

—¿Para qué sindicarse? En los Sindicatos son los bolcheviques los únicos que mandan, y los otros no hacen sino seguirlos como ovejas y hacer de carnaza de la burocracia sindical. Además, el pertenecer a un Sindicato es solo para llenarse de obligaciones y de responsabilidades.

¡Cómo se ve que los dos ferroviarios están penetrados y dominados por el espíritu burgués, Fiedotov por haberlo sido formalmente, y Flavinsky por haberse criado y educado en régimen zarista! En todo no ven más que el provecho personal, y quién manda a quién, y quién sigue obedece a quién. ¡Siempre el punto de vista individualista y jerárquico!

—No conviene —me dicen en voz baja— seguir por aquí a esta hora. Pueden vernos. Podemos despertar sospechas. Vamos dando vuelta y salgamos a la Plaza Roja.

Comprendo perfectamente las constantes alarmas de estos pobres hombres. Aun cuando ellas no correspondan a motivos reales y objetivos, su conciencia los inventa. Contrariamente a lo que ellos me dicen, nunca he podido yo por mí mismo comprobar la terrible vigilancia policial de que se quejan. Jamás se me ha molestado en Rusia en este terreno. Ni una sola vez he tenido que ver con la policía ni con nadie por razones políticas. Estoy dispuesto a testificarlo cuantas veces sea necesario, en honor a la verdad. Cierto es que no he intervenido para nada en la vida política de Rusia. Pero aun de haberlo hecho y de habérseme vigilado por esta causa, yo no me habría puesto en la posición liberaloide barata y melodramática de quejarme contra el Sóviet, como es de uso entre los idealistas y amantes idólatras de la libertad. Mis ideas respecto a la libertad social son de muy distinta esencia para tan simplista actitud. Sé que el fenómeno de la libertad es cosa relativa y variable, y que nada tiene de absoluto. Sé que en ningún régimen político de la historia ha sido completa esa libertad, y que, en consecuencia, el individuo está siempre vigilado, de una u otra manera, por el régimen político en que vive. Yo he sufrido esta vigilancia policial, pública y secreta, nada menos que de parte del régimen más liberal del mundo capitalista: el Gobierno francés, «cuna de la libertad, de la igualdad y de la fraternidad de los hombres». Esto también estoy dispuesto a probarlo, con papeles en mano, cuantas veces sea necesario. ¿Por qué, entonces, se quejan Henri Béraud, Panait Istrati, Lefèvre y demás servidores, analfabetos y fanáticos, de la prensa reaccionaria, de que los enemigos del Sóviet sean vigilados en Moscú? La diferencia entre una y otra política reside —¡no me cansaré de repetirlo para que se sepa bien!— en que el Sóviet defiende así la vida, los intereses y el destino de la mayoría trabajadora contra unos cuantos explotadores y verdugos, mientras que los gobiernos burgueses defienden la vida, los intereses y el destino de unos cuantos patronos y ricos contra la mayoría de pobres y trabajadores explotados por la minoría.

Cuando desembocamos en la Plaza Roja, el reloj del Kremlin da las siete de la noche a los sones de la Internacional. Las arcadas de las cooperativas comerciales al por menor están ya iluminadas. Bajo ellas desfila mucha gente a paso rápido, alegre y confiado. El orden social soviético sigue su curso, a pesar de todo y contra todo.

XI. Filiación del bolchevique. Marx y Lenin. Mítica y dogmática revolucionarias

El fervor del bolchevique por la nueva vida contrapesa la prevención o incomprensión del ruso reaccionario, aniquilándolas o al menos neutralizándolas. Al subjetivismo contemplativo y baldado del reaccionario, opone el bolchevique un objetivismo pragmático, constructivo. Al espiritualismo estático, un materialismo dialéctico. Al absorbente individualismo, un colectivismo racional. A la abstención amarga, una saludable ofensiva creatriz. Su praxis desborda en excesos patéticos. Ignora la media tinta. No es un saga, sino un desmesurado. Hiperbólico, sin aparato ni fanfarronería, es pintoresco y dramático, apasionado e implacable. Combativo y heroico, su ejecutoria revolucionaria de antes y después de 1917 ha fraguado en él hábitos permanentes de sacrificio y un instinto cotidiano y permanente de grandes ciclones. Al bolchevique se le ha comparado como tipo representativo de una secta social, con el fascista y sus derivados cosmopolitas: «camisas negras», «cascos de acero», Ku Klux Klan, reimweshrens, kuomingtans, etc. ¿En qué son comparables? ¿En la estrategia? ¿En la táctica? ¿En el jacobinismo? ¿En la moral de los medios? ¿En la grandeza doctrinal? Fácil es, a los ojos del hombre libre, descubrir la diferencia histórica y esencial del bolchevique con todos los bandoleros del fascismo cosmopolita. Más no es fácil descubrirla a los ojos del transeúnte más o menos imbuido de una tabla de valores contrarios a la vida comunista.

En general, toda la psiquis, toda la conducta bolchevique son nuevas y diversas de la norma de todos los demás tipos humanos de dentro y fuera de Rusia: ante la política, la economía, el trabajo, el amor, la religión, etc. No solo me refiero al rol del bolchevique como unidad militante de la III Internacional. No solo me refiero al ejercicio de su estatuto comunista, a sus funciones políticas dentro del partido. Me refiero también a su simple y diaria conducta de hombre y de particular. Dentro de la concepción soviética del hombre revolucionario o simplemente político, todo es una misma cosa: la vida privada y la vida pública. Pero esto no quiere decir que el bolchevique invada la esfera del hombre particular hasta degenerar en un simple misionero de Lenin y de Marx, obsesionado y absorbido totalmente por la fórmula revolucionaria. Ni aun dentro del partido, la conducta del bolchevique participa de la de miembro de una secta religiosa, fanática y estereotipada, como afirma Luc Durtain. Aquello de los votos comunistas de obediencia y pobreza no pasa de una miopía del observador. Es pobre hasta que las condiciones económicas soviéticas mejoren y le permitan vivir mejor y holgadamente. Obedece, no por ciega esclavitud, a un dogma más o menos deportivo y místico, sino porque comprende que, en régimen proletario, la mejor manera de ser libre es obedeciendo. Precisamente esta ausencia de carácter monástico y sectario en su rol social constituye una de las cualidades profundamente humanas del bolchevique. Ella quita a su condición particular todo asomo evangelista o taumaturgo, a la clásica manera religiosa, por mucho que sus menores actos sean de inspiración esencialmente apostólica y de propaganda revolucionaria. El bolchevique sabe que para ser revolucionario hay que ser primeramente hombre, en el sentido integral de la palabra.

El bolchevique se distingue de los demás sectores rusos, ante todo y sobre todo, por su ejemplaridad revolucionaria. El bolchevique es el padre de la vida soviética. Es el abanderado de la causa proletaria. Es el *pionnier* del socialismo.

Como tal, su conducta participa del heroísmo sacerdotal y artístico. La abnegación y el sacrificio, la audacia y el tesón están a la base de su técnica vital. En el trabajo cotidiano de la fábrica, en su acción militante, en las circunstancias banales de su vida personal, el bolchevique no piensa ni practica nada sino al servicio de la causa revolucionaria. En el taller, es él un obrero que trabaja más que el obrero no bolchevique; que busca y desempeña los más peligrosos oficios y consignas; que no reclama ni se queja nunca; que ayuda a sus compañeros, suple las faltas ajenas, gana menos, cuida de la fábrica como de cosa propia, disfruta de menos derechos y, no obstante, está siempre contento y entusiasta. Si se trata de cuotas o erogaciones, el bolchevique es quien aporta más y el primero. Si hay que doblar o triplicar la jornada, él da el ejemplo. Si se proyecta una avanzada para adoctrinar y convertir otros núcleos de trabajadores, indiferentes o contrarios en política, el obrero bolchevique formará igualmente el primero. En la emulación socialista es él quien da la muestra y el estímulo. ¿Y en los comités y asambleas de fábrica? Las más complicadas funciones, las más recargadas labores, él mismo las reclama espontáneamente para sí y las desempeña con grandes sacrificios de sí mismo y de los suyos. El bolchevique hace de esta manera figura de martirio. Los mismos compañeros de trabajo —los otros, los obreros simplemente soviéticos— le tienen lástima. Su actividad dolorosa, espontánea y apasionada, desconcierta e impone un respeto casi religioso.

Sus obligaciones dentro del partido se sujetan a disciplinas y rigores mucho más fuertes y severos. El bolchevique es un soldado. El partido es un cuartel. Pero se trata aquí de un soldado que obedece a deberes e imperativos salidos de su propio temperamento social, y de un cuartel cuyas normas no son más que una proyección al exterior de la íntima contextura moral del individuo.

Circunstancialmente, cuando veo en Rusia a un hombre realizar un acto heroico o asumir una actitud ancha y noble ante menudos obstáculos o mínimos tropezones de la vida, me digo: ése es, de seguro, un bolchevique.

Lenin vive en el alma del bolchevique como el prototipo acabado de lo que debe ser el revolucionario puro. La vida de Lenin encarna, a los ojos del bolchevique ruso, todas las virtudes del hombre entregado por entero al bien de la humanidad. Para encontrarle en este terreno pareja en la Historia, el bolchevique tiene que saltar muchos siglos atrás, hasta Jesucristo o Buda. Más acá solo Marx se le parece. ¿Quién escribirá algún día el paralelo de estos dos grandes hombres?

Estos dos creadores de la nueva humanidad ocupan en el corazón del proletario ruso el lugar que ocuparían dos dioses, de tener el socialismo carácter religioso. Una aureola sobrehumana rodea sus figuras, y no digo divina, porque la revolución de la que ambos son los forjadores, tampoco es un movimiento celestial ni mítico, sino de riguroso materialismo histórico. Cuidémonos de no mixtificar el sentido de los hechos ni los vocablos que los contienen. La revolución socialista y sus creadores no han pretendido ni pretenden traer al mundo una nueva versión teológica de la vida, sino simplemente una explicación y una fórmula nuevas de justicia social. Marx y Lenin han podido exclamar con mucha exactitud: «Mi reino es de este mundo». Las palabras «divino», «Dios», «religioso», «santo» carecen de sentido y de carta de naturaleza en el léxico marxista-leninista. No andan, pues, cuerdos los buenazos escritores burgueses que, en este terreno, nos hablan del apocalipsis de San Lenin, de la nueva iglesia marxista, del evangelio proletario según San

Stalin o según San Trotsky, y otras necedades. Muchos de los propios panegiristas extranjeros del Sóviet nos han llegado a hablar hasta de una iconografía de la Pasión y Muerte de Lenin, refiriéndose a las estampas, medallas y escarapelas en que figura la fotografía del gran jefe, y que circulan profusamente en Rusia. Esta es la mejor manera de tergiversar por su base la dirección histórica de la revolución y de traicionar a sus creadores.

Sin embargo, tampoco hay que desconocer la existencia en la revolución socialista de una nueva mítica y de una nueva dogmática. Pero esta mítica y esta dogmática son igualmente de esencia y estructura materialistas; es decir, económicas. No hay que confundirlas con la mítica y la dogmática metafísicas de las religiones. Los mitos «revolución», «proletariado», «Internacional», «capital», «masa», «justicia social», etc., son creaciones directas del sentimiento o instinto económico del hombre, a diferencia de los mitos «Dios», «justicia divina», «alma», «bien», «mal», «eternidad», etc., que son creaciones del sentimiento religioso. Los dogmas, en la doctrina socialista, proceden asimismo de una necesidad o conjunto de necesidades históricas de la producción, o lo que es igual, de la dialéctica determinista de la técnica del trabajo. Ejemplo: el dogma de las contradicciones crecientes del capitalismo. Los dogmas, en religión, proceden de una necesidad o conjunto de necesidades subjetivas de maravilloso.[17] Ejemplo: el dogma de la divinidad de Jesús. De aquí que mientras la mítica y la dogmática socialistas se apoyan en verdades de rigurosa experiencia histórica, es decir, en verdades científicas y controlables prácticamente por la realidad cotidiana, la mítica y la dogmática religiosas se apoyan en simples verdades de fe, reveladas e incontrolables por la experiencia diaria.

17 (Sic.) (N. del E.)

Conviene, pues, zanjar de una vez para todas las fronteras históricas y sociales entre la revolución proletaria y el proceso religioso de nuestra época. La primera no es un nuevo evangelio de fe, destinado a sustituir a las actuales creencias religiosas. Si la revolución socialista, al realizarse, debe rozar y luchar contra tales o cuales obstáculos sociales, derivados del sentimiento o interés religioso imperante en determinada colectividad, lo hará y lo hace solamente desde un plano político y económico. La revolución no toma ningún partido ni finca ninguna perspectiva sistemática y militante en contra ni en favor del sentimiento religioso, ni por su subsistencia ni por su fin. La palabra de orden «La religión es un opio para el pueblo» no tiene sino un alcance táctico de ofensiva contra uno de los más sólidos medios auxiliares de la explotación del trabajador, cual es el culto religioso. A la revolución proletaria no le concierne saber la suerte que tendrán las creencias religiosas en el porvenir. Esto sale de su esencia laica y de su praxis social de base. La resonancia y consecuencias religiosas de la revolución proletaria han de producirse por la dialéctica posterior y futura de las nuevas relaciones de la producción.

XII. Capitalismo de estado y estructura socialista. Régimen bancario. Religión. Agonía de las clases destronadas

A las ocho de la mañana me paseo delante de la puerta de mi hotel, esperando a Yeva. No quiso prometerme entrar en el salón del hotel a buscarme. Ello me obliga a esta espera en la calle, bajo una fuerte lluvia otoñal.

—Mi condición de komsomolka (de la juventud femenina comunista) me prohíbe entrar a un hotel a buscar a un caballero —me había dicho Yeva la víspera, al despedirnos y tomar cita para el siguiente día.

Pero no solo por esto no quería Yeva entrar al hotel. Había además otra dificultad, y es ésta: dentro de la actual moral rusa, ninguna mujer honesta puede penetrar en un hotel en busca de un hombre, ni en su compañía. Esta costumbre rige con un rigor implacable y, según mis informes, ella no existía en la época zarista. Es de origen soviético. ¿Lo creerán los catones y moralistas de la burguesía mundial, para quienes la revolución rusa no trajo más que licencia y corrupciones? ¿No recuerda esta costumbre en Nueva York, ciudad de sumo puritanismo moral? Sin embargo, la norma no tiene igual significación en Moscú que en la capital yanqui. En la capital soviética existen numerosas prácticas y usos de parecido rigor moral, debidos todos ellos a necesidades momentáneas de táctica revolucionaria, más no a disciplinas permanentes y entrañadas a la tradición formalista de una ética de sacristía. La revolución necesita a veces de un exceso de transparencia en las relaciones sociales, como medio de estimular con sanciones objetivas y ejemplarizantes el espíritu naciente del nuevo hombre moral. Estos usos y prácticas de la conducta diaria reflejan, en el mundo de las relaciones corrientes, el jacobinismo revolucionario integral de los métodos bolcheviques. Lo de no entrar las mujeres a los hoteles corresponde, en el plano de la agitación política, a lo de no ser sentimental o romántico o, en el mismo plano de moral social, a lo de no emborracharse, etc. Son todos estos imperativos tácticos y momentáneos de extrema austeridad revolucionaria. No son estables exigencias ético-religiosas.

Yeva va a acompañarme en mi encuesta de hoy, pues habla el francés perfectamente. La komsomolka dispone para ello del día entero, pues hoy descansa en la cooperativa en que trabaja. Hoy es su día domingo. Hela aquí. Partimos al banco.

—¿Un banco en régimen soviético? —se preguntan extrañados los transeúntes en el extranjero.

Sí. Un banco. Pero uno solo. El banco del Estado. Y este banco soviético no tiene la misma estructura ni juega el mismo rol que los bancos en régimen capitalista. Su capital y su administración son del Estado. Sus fines son igualmente de Estado, y ellos se reducen a facilitar el movimiento del dinero según las necesidades y el ritmo de la producción total entre las diversas ramas industriales del país. Nada más. El banco soviético no es sino un organismo intermediario entre los múltiples organismos de la producción y el comercio rusos. Retened, señores gobernantes y banqueros capitalistas, este rol simple y único del banco soviético. Si pensáis que algún particular de levita, monóculo y guante blanco figura en este banco como principal capitalista, como presidente del Consejo de Administración, siendo a la vez socio de un Sindicato de Cobre, de una Sociedad inmobiliaria y de una fábrica de calzado —participantes a su vez estas asociaciones del mismo Banco a que aludo—, os equivocáis lastimosamente. No. Dentro del banco del Estado soviético no hay ni un solo kopek de ningún particular ni nadie saca de él un kopek por concepto de utilidades. Todo es ahí propiedad de todos y para todos. Todo es ahí de la colectividad y para la colectividad. Los funcionarios que administran y sirven este banco ganan solo unos salarios, como cualquier proletario. En una palabra: la profesión de banquero, y en general de hombre de finanzas, ha sido abolida en Rusia. No hay más que una sola organización financiera: la del Estado, la colectiva.

¿Por qué hay un banco en régimen soviético? Comprendo vuestra pregunta. Ella traduce el concepto que tenemos arraigado, y con mucha razón, de que un banco es un negocio particular muy lucrativo y muy irresponsable. La idea que tenemos corrientemente de banco va inseparablemente unida a la de un prestamista diabólico que, por medio de unas cuantas maniobras y escamoteos de billetes de sus cajas de hierro, convierte en veinticuatro horas un capital de cincuenta mil en un millón de pesetas. Pero esto es el banco capitalista. El banco soviético no es negocio de ningún particular. Nadie saca de él de mil pesetas veinte mil, ni de cincuenta mil un millón. Este banco no es, como repito, más que una oficina del Estado destinada a hacer circular, conforme lo solicitan los organismos industriales, agrícolas y comerciales del Estado y los grupos sociales que éste autorice, el dinero o capital bancario, del cual es igualmente propietario el Estado. Mientras el sistema de producción y consumo no se haya socializado en sus relaciones más profundas y esenciales, o lo que es lo mismo, mientras el sistema de producción y consumo conserve en Rusia tales o cuales rasgos y formas capitalistas, ese sistema exigirá siempre un organismo bancario encargado de la circulación del dinero dentro del organismo económico general. Pero si aun después de explicado este rol honesto, transparente y necesario del Banco soviético, os sigue incomodando la simple idea de Banco, a causa de no poderla separar de la idea de especulación particular ilícita a que nos ha acostumbrado el régimen capitalista, cambiad el nombre de banco por el de Oficina del dinero, verbigracia, o por cualquiera otro, y la diferencia entre banco capitalista y banco soviético será completa a vuestros ojos.

Encontrándose aún rotas o sin regularizarse las relaciones financieras entre Rusia y las plazas capitalistas, el rublo es hoy la sola moneda sin curso ni cambio en el extranjero. Esta anormalidad de relaciones y esta falta de curso del rublo en las Bolsas capitalistas no son, naturalmente, claras ni francas. Las relaciones existen y no existen, y el rublo se cotiza y no se cotiza en los bancos burgueses. Las relaciones financieras existen desde el instante en que en Rusia hay capitales extranjeros y que Moscú compra y vende productos en los mercados ingleses, alemanes, italianos, franceses y yanquis. Pero no existen desde el momento en que el capitalismo boicotea por sistema y de manera permanente la divisa rusa, aun contradiciendo el comercio que realiza diariamente con Rusia. En otros términos: las relaciones financieras existen en la realidad de los hechos, pero el capitalismo trata, por otra parte, de minarlas con actos violentos y externos, hijos de su voluntad reaccionaria y de su fobia contra el Estado proletario. Es la necesidad práctica la que le obliga a comprar y vender a Moscú y a colocar sus capitales en Rusia; pero el imperialismo mundial se da perfecta cuenta del peligro que encarna el Sóviet para él, como futuro competidor de productos en el mercado internacional. De aquí, de este temor proviene su constante y furioso boicoteo de Rusia como potencia económica. Es una verdadera guerra contra el Sóviet. Entre las armas de que se vale para perderle, figura el cambio. El capitalismo ha tratado y sigue tratando de derribar al rublo. Como no dispone de la única manera que hay de perder una divisa, cual es la de hacer disminuir al mínimum las exportaciones del país de que se trata, el capitalismo internacional suele echar mano de procedimientos mucho más expeditivos y mecánicos, cuales son, verbigracia, entre otros, el de introducir clandestinamente en Rusia rublos falsos con el fin de provocar inflaciones y desequilibrios dentro de la economía soviética.

En estas condiciones, la aduana soviética prohíbe la introducción de rublos en Rusia, obteniendo así dos resultados: primeramente, el de precaverse contra las maniobras cambistas del capitalismo, y luego el de atraer al mercado ruso la mayor suma de divisas extranjeras. Como puede suponerse, esta lucha cambista se traduce por el hecho de que el rublo carece completamente de aceptación en los bancos capitalistas. La primera vez que fui a Rusia, un banco de Berlín, al que pedí rublos, me dijo:

—No vendemos rublos.

Al volver de Moscú fui al mismo banco a venderle unos cuantos rublos que me sobraron de mi viaje, y me dijo:

—No compramos rublos. Nadie los solicita ni los quiere. Aquí no se puede comprar nada con ellos. Tampoco se los puede introducir en Rusia. Es una moneda muerta, sin valor y sin cambio.

Todas estas maniobras, represalias y juegos estrictamente técnicos de la cuestión los ignora la mayoría de las gentes, y cuando se alude en el extranjero al hecho de que el Sóviet controla minuciosamente al viajero que visita Rusia, desde el punto de vista económico, llueven las censuras y las quejas contra la dictadura proletaria. No se acuerdan las gentes de que se trata de una guerra monetaria entre el capitalismo y el Sóviet, y que éste no hace más que defenderse de aquél.

Pero, aparte de ser ese control del Sóviet una mera defensa de la economía proletaria contra el capitalismo internacional, constituye también una prueba del orden, organización y claridad con que el Sóviet administra y custodia los intereses colectivos contra la especulación particular desde dentro del régimen.

El viajero, al presentarse en la aduana rusa, está obligado a declarar y presentar ante las autoridades soviéticas todo el dinero, ruso o extranjero, que lleva. Si tiene rublos, éstos son retenidos en la aduana, previo recibo. El dinero extranjero es devuelto a su portador, con una papeleta en que consta la suma de que se trata, suma que también queda registrada en los libros de la aduana. El viajero debe llevar consigo aquella papeleta durante toda su permanencia en Rusia, y ella debe ser presentada al Banco cada vez que su tenedor vaya a cambiar su moneda extranjera por rublos. De este modo, el Sóviet sabe, en un momento dado, cuánto tiene un extranjero en rublos y en divisas extranjeras, de una parte, y de otra, cuánto dinero existe en Rusia en monedas igualmente extranjeras. El viajero que introduzca en forma oculta divisas extranjeras, es descubierto inmediatamente al presentarse a cambiarlas en un banco. No puede cambiar en rublos sino la suma anotada en su papeleta en la Aduana. Si logra introducir rublos ocultamente, solo podría hacerlo con unos cuantos, pues, de ser más, sería asimismo descubierto, dado el control que de sus gastos ejerce el hotel donde se aloja, el restaurante o restaurantes donde come, los teatros, etc. En este último caso, el Sóviet le somete a juicio, con severas sanciones penales.

Como se ve, el Sóviet administra la economía del país con un celo y una minuciosidad superiores a los de cualquier propietario particular en régimen capitalista. Con semejante método aduanero y bancario, no queda modo de que el capitalismo envolvente, ni los particulares de dentro del país puedan especular o minar la estabilidad e integridad de las finanzas proletarias.

***

Algunos periodistas extranjeros, aficionados a escarceos críticos de la economía soviética, han pronunciado, a propósito de la existencia del banco en Rusia, la frase *capitalismo de Estado*, a diferencia —o en oposición, dicen— al Estado capitalista. Quieren así dar la impresión al público extranjero de que la revolución económica rusa se ha reducido a un simple cambio de propietario de la riqueza colectiva, es decir, que a los capitalistas particulares presoviéticos ha sucedido un solo capitalista: el Estado, y que todo el resto del aparato económico social sigue siendo el mismo que antes de la revolución. Mas esto no es verdad.

En primer lugar, «hay que tener mucho cuidado —decían ya Lenin y Trotsky durante el comunismo de guerra— con aquello de *capitalismo de Estado*, frase que algunos economistas soviéticos manejan con cierta imprudencia, designando con ella uno de los aspectos de la economía rusa, y que los enemigos extranjeros de la revolución (Kautsky y Bauer, por ejemplo), emplean para designar la esencia misma de dicha economía». Esta alarma de los jefes del Sóviet quería decir —y hoy sigue teniendo la misma significación e idéntico alcance aclaratorio— que la economía soviética es solo en parte *capitalismo de Estado* y en una parte secundaria y episódica dentro de las actuales necesidades dialécticas de la producción rusa. Es un *capitalismo de Estado*, puesto que el capital social está en manos del Estado, que lo administra en nombre del proletariado. Este rol capitalista del Estado es por ahora necesario e inevitable, y seguirá siéndolo mientras exista el Estado y mientras el proceso de socialización de las relaciones de la producción, en el campo y en el taller, no sea completo y no haya acabado con el último dejo del sistema capitalista. Solo en este sentido puede hablarse de *capitalismo de Estado* en Rusia. No lo es en lo demás, en lo que se refiere, por ejemplo, a las relaciones sociales de la producción. En este terreno, el *capitalismo de Estado* es un sistema absolutamente patronal, burgués, capitalista, en cuanto a que el Estado —nuevo propietario, nuevo capitalista— es un patrón como cualquier patrón particular. El *capitalismo de Estado* no hace más que echar a los patronos particulares de todas las actividades económicas del país, para tomar él solo la gerencia y la propiedad de ellas, pero dejando intacto el vigente régimen de producción capitalista. Las relaciones entre el capital y el trabajo siguen siendo las mismas. El proletariado ya no tiene varios explotadores, sino uno solo; pero la explotación, la plusvalía patronal, el lujo de unos cuantos, el dominio de una clase parasitaria sobre las clases productoras, la miseria de las masas trabajadoras, etc., continúan siendo la base y la esencia del régimen de producción en el sistema del *capitalismo de Estado*. Que este sistema no altera en lo más mínimo las relaciones de la producción, lo prueba el hecho de que dentro de los actuales monopolios fiscales de distintos países, la posición del capital y del proletariado es completamente idéntica a la que estos factores tienen en las explotaciones privadas. La situación económica, política y cultural del trabajador, en los ferrocarriles de propiedad y administración estatales, no difiere en lo más mínimo de la que él tiene cuando tales ferrocarriles pertenecen a particulares. Esto, que pasa en una o varias ramas del monopolio del Estado, no haría más que repetirse, en escala mayor, en el sistema entero del *capitalismo de Estado*. Y esto es lo que no sucede dentro de la economía soviética, en la que las relaciones de la producción se basan en el interés práctico e inmediato del trabajador, de un lado, y de otro, tienden a socializarse por la supresión lenta, pero progresiva, del Estado, como único capitalista, y por la transformación de la economía dirigida por el Estado en una economía dirigida directamente por las masas. El primer objetivo se patentiza con el *standard of life* actual del obrero ruso, que es mejor y más saneado que el del obrero capitalista. El segundo objetivo encuentra una de las formas prácticas de su realización en la agricultura, por ejemplo, donde la colectivización o socialización del cultivo está alcanzando con los kolskos[18] una ofensiva arrolladora sobre los pequeños cultivos individuales y cooperativos y sobre el propio sovkos o cultivo de Estado. En los kolskos la intervención del Estado es ya mínima, y todo está en manos directas de la masa.

De otra parte, el *capitalismo de Estado*, en toda su amplitud de sistema monopolista llamado a reemplazar al capitalismo particular, no ha sido hasta hoy logrado en ninguna parte como un hecho real y completo. Y no lo ha sido ni lo será, entre otras causas, porque su implantación está sujeta a numerosos factores económicos, que no dependen precisamente de los partidarios teóricos de este sistema, como son la imposibilidad absoluta de expropiar por el Estado y sin indemnización la propiedad industrial particular total de un país y las dificultades derivadas de la actual estructura económica internacional contraria a dicho sistema. Estos dos inconvenientes —que son los primeros, entre otros— solo podrían desaparecer por medio de medidas traumáticas re-

18 Respetamos la ortografía del original, se refiere a los «koljoses». (N. del E.)

volucionarias, pero no por un proceso periódico y evolutivo, como el que predican los apóstoles del *capitalismo de Estado*, partidarios apenas de tímidas «nacionalizaciones» y «estadizaciones» demagógicas. Solo una revolución proletaria es capaz de la estadización total y traumática de la economía.[19]

Y es que de lo que se trata es de transformar las relaciones entre el trabajo y el capital y no simplemente de trasladar a éste, de las manos de un trust o consorcio privado, a las manos fiscales. Aquí está el nudo del problema social universal. El *capitalismo de Estado* lo deja sin resolver, pues este sistema no pasa, a fin de cuentas, de una de las tantas fórmulas ilusorias y engañosas que los profesores y teorizantes burgueses inventan para halagar a las masas y desviarlas de

19 El anarcosindicalismo tacha a la revolución rusa de no haberse cristalizado más que en lo que él llama «comunismo de Estado» y no en una estructura real y propiamente socialista. Esto no es tampoco cierto sino en parte. Ya he dicho, hablando de «*capitalismo de Estado*», que mientras las relaciones de la producción lleven aún trazas capitalistas (y éstas no pueden ser eliminadas por bombas o huelgas, como lo imaginan los discípulos de Sorel, sino por acción centrífuga y determinada del proceso económico), la existencia y rol del Estado como instrumento organizador y regulador de la economía son necesarios e imprescindibles. Pero la existencia y el rol del Estado, repito, no son más que provisorios. El organismo sindical soviético va apoderándose rápidamente, y según lo permite el ritmo socializante de la producción, de las esferas económicas directrices y estatales de la industria. Lo que ocurre es que el anarcosindicalismo está incapacitado para descubrir el movimiento dialéctico de los hechos y de las formas sociales. Cree que la revolución rusa, llegada a lo que él llama «comunismo de Estado» (noción híbrida y contradictoria), ha terminado su trayectoria histórica, sin darse cuenta de que ese «comunismo de Estado» no es más que el primer peldaño de la escala a recorrer. Para los anarcosindicalistas, como para toda ideología reaccionaria, la historia es una sucesión de metas terminales, cuando no es más que una sucesión de etapas intermedias. Buenas sorpresas va a darles día a día la dictadura proletaria. Que esperen.

los términos prácticos y reales de la cuestión, cuales son el actual antagonismo clasista de la producción y la necesidad de resolverlo en favor de las masas productoras.

***

Al salir del banco doblamos la esquina, donde hay un restaurante particular. Por la ventana vemos a un grupo de alemanes desayunando. Quiero conocer los precios y el menú de este restaurante, y entramos.

Los alemanes están en número de cuatro. Son turistas. Ocupan una sola mesa. No hay más clientes. Yeva y yo tomamos, junto a la puerta de entrada, una mesa y preguntamos qué se toma allí como desayuno. Té, chocolate, café, mantequilla y una gran variedad de pan y bizcochos. Tomamos té con un pastel. En todos los restaurantes de cooperativas rige el siguiente mecanismo para el consumo: se compra en la caja una ficha, en la que está marcado el alimento que se va a tomar y su precio. Esta ficha se entrega al compañero o compañera que nos sirve. En los restaurantes particulares o de nepmans se nos dice el menú, pedimos sin saber los precios y luego pagamos. Se nos cobra, naturalmente, lo que quiere el restaurante. Es el mismo sistema de muchos de nuestros restaurantes. Los dos tés con dos pasteles nos cuestan aquí un rublo y diez kopeks, o sea dieciséis francos. En una cooperativa he pagado muchas veces por el mismo consumo cuarenta kopeks, o sea seis francos.

—¿Por qué cobra usted —le he preguntado al nepman de este restaurante— tan caros los consumos?

—Son los impuestos que a ello me obligan —me dice—. El Estado se lo lleva todo. Mi negocio se hace cada día más difícil. Acabaré por cerrar la casa.

149

El nepman pone en la cara una expresión de angustia. Viste de americana, pero pobremente.

—¿Muchos clientes tiene usted?

—Muy pocos. Hay días que no pasan de dos o cuatro. Mis clientes son, en general, extranjeros o kulaks de provincias que vienen a Moscú de paso.

Delante de la puerta de entrada hay un haraposo que pasa y repasa mirando ávidamente al interior. Lleva una mano metida dentro de la americana, a la altura del pecho, y su palidez es la de un hambriento o de un enfermo. Los alemanes se levantan y se van. Entonces el haraposo penetra de un salto y recoge, como un animal famélico, las migajas y desperdicios de la mesa. Algunos huesos se echa al bolsillo y vuelve a salir, lanzando miradas de loco y devorando a grandes bocados lo que encontró en la mesa.

—¡Espantoso! —le digo a la komsomolka.

—Son los sobrevivientes del régimen zarista —me dice Yeva—. Antes, esta misma escena se veía con frecuencia. Poco a poco estos mendigos van desapareciendo.

—Sin embargo, se me han acercado muchos a pedirme en los pocos días que llevo en Rusia. ¿Cómo me explica usted semejante plaga en una sociedad como el Sóviet? Esto es realmente incomprensible.

El hambriento está junto a la puerta, triturando ruidosamente un hueso, como un perro. Advierto que no despega los ojos de la mesa donde estamos nosotros. Yeva no ha terminado su pastel. Este está casi entero. Las miradas del hambriento sobre el pastel son febriles y casi rabiosas. Nunca he visto ojos tan extraños en mi vida. Hay en la cara de este pobre una avidez agresiva, furiosa, demoníaca. A veces tengo la impresión de que va a saltar sobre nosotros y nos va a arrancar de un zarpazo un trozo de nuestras propias carnes. Se ve que tiene cólera. Se ve que nos odia con todas sus entrañas de hambriento. Inspira miedo, respeto y una misericordia infinita. ¡El apetito es, sin duda, una cosa horrorosa!

Pienso en los desocupados. Pienso en los cuarenta millones de hambrientos que el capitalismo ha arrojado de sus fábricas y de sus campos. ¡Quince millones de obreros parados y sus familias! ¿Qué va a ser de este ejército de pobres, sin precedente en la historia? Ciertamente, ha habido en otras épocas paros forzosos, pero nunca el mal ofreció proporciones, causas y caracteres semejantes. Hoy es un fenómeno simultáneo y universal, creciente y sin salida. Los remedios y paliativos que se ensayan son superficiales, vanos, inútiles. El mal reside en la estructura misma del sistema capitalista, en la dialéctica de la producción. El mal reside en los progresos inevitables de la técnica de trabajo, en la concurrencia y, en suma, en la sed insaciable de provecho de los patronos. ¡La plusvalía! He aquí el origen de los desocupados. Suprímase la plusvalía y todo el mundo tendrá trabajo. Pero ¿quién suprime la plusvalía? Suprimir el provecho del patrón equivaldría a destruir el sistema capitalista, es decir, a hacer la revolución proletaria.

Mas ya que esta supresión no vendrá jamás por acto espontáneo, por un suicidio del capitalismo, ella vendrá, tarde o temprano, por acción violenta de esos cuarenta millones de hambrientos y víctimas de los patronos. Porque el hambre puede mucho. El actual conflicto entre el capital y el trabajo será resuelto por el hambre social. La teoría de la revolución no ha hecho sino constatar la existencia y la tensión histórica de este hambre. La revolución no la hará, por muy brillante y maravillosa que sea su doctrina, la hará el hambre. Y no podría ocurrir de otra manera. Una doctrina puede equivocarse. Lo que no se equivoca nunca es el apetito elemental, el hambre y la sed. De aquí que la revolución no es cuestión de opiniones ni de gustos ideológicos y morales. Es ella un hecho, planteado y determinado objetivamente por otros hechos igualmente objetivos y contra los que nada pueden las teorías en pro ni en contra. Según Marx, la historia la hacen los hombres, pero ella se realiza fuera de los hombres, independientemente de ellos.

El día en que la miseria de los desocupados se haya agravado y extendido más, descubriendo la impotencia definitiva de los gobiernos y de los patronos para remediarla y hacerla desaparecer, ese día brillará en los ojos de muchos millones de hambrientos una cólera y un odio mayores que los que brillan en los ojos de este hambriento de Moscú. El zarpazo de las masas sobre los pasteles de los ricos será entonces tremendo, apocalíptico.

Entre tanto, despejemos ciertas incógnitas. ¿La revolución rusa no ha resuelto el problema de la mendicidad? ¿Cuál es el paso dado en este terreno por el Sóviet? ¿La revolución mundial tendrá también sus mendigos, como tiene los suyos la burguesía? ¿Y la justicia social? Todas estas preguntas le hago a Yeva. La militante de la juventud comunista me dice:

—Las causas de la actual mendicidad en Rusia son las siguientes: el clero, la nobleza, la burguesía y el lumpen-proletariado. La mendicidad es, repito, una supervivencia de la sociedad zarista. El clero, desposeído por el Sóviet de los bienes de la Iglesia, se ha quedado en la miseria. En estas condiciones, los popes deberían trabajar para subsistir y proletarizarse, como todo el mundo. Pero, lejos de eso, han resuelto seguir el camino de la mendicidad. Mendigan los propios popes en persona y obligan a los fieles a pedir para ellos. Dos cosas se proponen realizar con las limosnas: subvenir a sus necesidades diarias y personales y acumular de nuevo capitales para la Iglesia. Este último procedimiento tiene un carácter político, pues se opone a los preceptos económicos del Sóviet y tiende a promover y provocar, a base religiosa, una reacción contra el régimen proletario. La mayoría de los mendigos son enviados a pedir por el clero y para el clero. Muchas veces son obreros o campesinos que ganan lo suficiente para subsistir y que solo piden para los popes. De otro lado, hay muchos nobles y burgueses de la época zarista, caídos igualmente en la miseria, a causa de la expropiación de sus bienes por el Sóviet. Estos tampoco quieren, someterse a la nueva estructura económica, trabajando y ganándose el pan con el sudor de sus frentes, como todos los demás. Un orgullo testarudo y mal entendido los mantiene aislados y «asqueados» del mundo de los trabajadores. Prefieren pedir, cosa que me parece mucho más humillante que trabajar codo a codo con sus enemigos de clase.

—¿A quién piden? ¿A los obreros?

—¡Ah, no! A los nepmans, a los kulaks, a los turistas, a los industriales extranjeros. Justamente ahora vamos a Smolensky. Ahí va usted a ver a algunos nobles en desgracia.

Smolensky es el *Marché aux puces* de París o el Rastro de Madrid. Después de la revolución, Smolensky se ha convertido en el mercado de los últimos cachivaches de los nobles.

Abandonamos el restaurante del nepman. El haraposo arrebata el pastel. Yeva se da cuenta de que voy a darle unos kopeks. Le pregunto:

—¿Debo darle una limosna? ¿Usted le daría una limosna?

—Yo no doy nunca limosna a nadie. La piedad está reñida con la revolución. La piedad está también reñida con el espíritu soviético. La piedad es invención de las clases explotadoras de todos los tiempos. En la sociedad socialista, a la piedad reemplaza la justicia. La piedad va siempre unida a la injusticia social. El filántropo y el caritativo lo son porque saben y tienen conciencia de que deben algo a los pobres y necesitados. Por doctrina y por táctica, nos repugna la caridad. Este hambriento es un vagabundo, un bohemio, un ocioso temperamental. Es joven y fuerte. Puede y debe trabajar. Si no lo hace, es un enfermo económico, y, por desgracia, hay enfermedades incurables y mortales.

Yeva es comunista, pero yo soy burgués. Le doy al vagabundo unos kopeks y tomamos el tranvía a Smolensky. La komsomolka me dice:

—Precisamente este mendigo es del lumpen-proletariado, palabra con la que Marx denominó a los jugadores, ebrios, vagabundos, ociosos, bohemios y otros elementos viciosos que odian por temperamento el orden y el trabajo. De estos mendigos existen también muchos en Rusia. Son, en general, jóvenes y adolescentes, hijos directos de las guerras civiles y de la primera época de la revolución. Proceden de la desorganización social, del caos de la familia, de la miseria y de la anarquía de aquellos momentos. Los niños vivían y crecían en la debacle moral más completa. El resultado es el que está usted viendo.

—¿Qué hace el Sóviet con los diversos mendigos de que usted habla?

—Todos ellos son, como ve usted, orgánicos o lo son por motivos orgánicos, que para el caso es igual. El Sóviet, sin embargo, trata de recogerlos, si son inválidos para el trabajo, y de darles trabajo, si están en condiciones de trabajar. Pero nada se puede ni con los unos ni con los otros. El pope, su agente, el noble, el burgués y el vagabundo aborrecen y huyen el trabajo y el hospicio. El Sóviet ha tenido que apelar y sigue apelando a la fuerza, sin resultado.

—¿Entonces? ¿Quiere usted decir que el problema no tiene remedio?

—El problema lleva su remedio en sus propias entrañas. Como estos mendigos no lo son por falta de trabajo, sino por gana o actitud individual, subjetiva, íntima, orgánica, el fin de esta mendicidad no depende de condiciones sociales y económicas objetivas, sino de la moral personal y morbosa del mendigo. En este caso, la acción del Estado tiene que ser lenta, como la acción clínica para las enfermedades microbianas. A un tuberculoso no se le cura, ciertamente, operándole. El Sóviet observa ante la mendicidad dos procedimientos: atraer al mendigo e incorporarlo al trabajo, y, en caso imposible, exacerbar su miseria para suprimir el mal por eliminación de la vida del mendigo. De año en año, los mendigos disminuyen rápidamente. Desaparecida esta generación derivada de la revolución y de las guerras civiles, no habrá más mendigos en Rusia, porque nuestra economía está de tal modo estructurada que no es posible el haragán, el pope, el noble ni el burgués. En el mundo proletario, el trabajo es y ha sido siempre disciplina orgánica. No tiene usted sino que notar que, aun en la sociedad capitalista, la totalidad de los mendigos son salidos de la aristocracia y de la burguesía. Raro es el pordiosero de origen proletario.

—Y con los agentes o enviados de los popes, ¿qué hace el Sóviet?

—Comprobado el caso, el pope y el pordiosero son castigados severamente.

* * *

Bajamos del tranvía ante dos grandes puertas, en las que hay agolpada una multitud. Son las puertas de entrada a Smolensky.

155

La lluvia sigue cayendo. El mercado es un vasto rectángulo sin ningún mostrador, ni mesa, ni sillas.

Todo el mundo está de pie. Los objetos en venta están colocados en el suelo o en los brazos de sus propietarios. La muchedumbre ofrece un aspecto uniforme de suma miseria. En pocos países he visto gente más pobre y más desarrapada que esta clientela de Smolensky. Solo en Yugoslavia, en Italia, en España y en Polonia. La diferencia está en que Smolensky no es más que una lacra minúscula, aislada y momentánea dentro de la holgura económica modesta, pero general, de toda la población, mientras que la desnudez y el hambre en Polonia, Yugoslavia, España e Italia constituyen un fenómeno general, orgánico y entrañado a la contextura misma de la economía de esos países.

Smolensky es una lacra aislada, pasajera y extraña a la vida económica rusa, porque su clientela y el comercio que en él se hace encarnan solamente la convulsión de agonía de las antiguas clases ricas y del lumpen-proletariado, al que ha aludido Yeva. La población obrera y campesina, los sectores sanos y organizados de la sociedad soviética no están en Smolensky.

¿Quiénes son estos desgraciados que venden y compran con gestos y ademanes de pesadilla? ¿Y qué es lo que venden y compran? Estos hombres y estas mujeres son los sobrevivientes del naufragio clasista de 1917. Son industriales, terratenientes, nobles y funcionarios del régimen zarista. Aquella anciana lívida y esquelética, que aun lleva a la espalda un viejo abrigo de pieles, es una duquesa. Lo que quiere vender ahora es un pequeño candelabro de cobre, incrustado de lacas azules.

—¿Quiénes están ante ella, regateándole el precio?

—Son nuevos ricos —nepmans y kulaks— que adquieren estos objetos para uso personal o, las más de las veces, para colecciones y reventas en el extranjero o a turistas extranjeros.

Esa otra dama, con aire majestuoso y joven todavía, cuyo pecho va cubierto de unos encajes amarillos y desgarrados, es una princesa. Vende unos zapatos blancos de *soirée*. Una mujer bonita y muy maquillada —¿una prostituta extranjera acaso?— va a comprar los zapatos. Pero no. He aquí que la princesa, en un imprevisto movimiento de impudor, se sienta en el suelo, levanta las faldas y se saca los zapatos que lleva en los pies. ¿Qué sucede? La compradora no quería el calzado de *soirée*, y la princesa va a venderle los que lleva puestos. Pero la venta sigue haciéndose difícil. Un diálogo angustioso se traba entre las dos mujeres. La princesa acaba por llorar... Porque en Smolensky la tragedia económica y social alcanza trances desgarradores. No es ésta la venta comercial, tranquila, sino el remate violento y arrancado de las íntimas entrañas económicas. No es la venta del objeto que no se necesita, sino la almoneda sangrante de trozos de la propia carne económica. No es, en suma, una venta de mercaderías, sino la subasta mortal de la última camisa.

Todas las escenas de Smolensky se desarrollan dentro de una atmósfera dramática de liquidación, un tanto mecanizada ya y monótona, en medio de su *pathos* tremebundo. Pilniak y Nevierov no han hecho, desde luego, sino reproducir en sus obras la realidad literalmente. Hay aquí quienes se quitan el traje que llevan y lo venden. Otros se sacan los pantalones ante los clientes, también para venderlos, quedándose con una especie de calzoncillos largos y anchos. La compra de sombreros, de una cabeza a otra, particularmente entre mujeres, es frecuente. Un hombre barbado a la clásica manera rusa —un antiguo fabricante de tejidos— acaba de vender unas botas que llevaba puestas. Luego se ha envuelto los pies en unos trapos sucios y ha abandonado el mercado.

—Pero —le digo a Yeva— este hombre y muchas otras de las personas que aquí veo son jóvenes y podrían trabajar. ¿Por qué no lo hacen?

La komsomolka me dice:

—Los antiguos ricos y potentados que quedan en Rusia prefieren sucumbir de hambre antes que someterse al nuevo régimen y ganarse el pan en el mismo pie de igualdad que los obreros. Su odio de clase no tiene límites. Es, como usted ve, una locura increíble, un lento suicidio. El orgullo vesánico del antiguo señorito o señorita, de la antigua marquesa o marqués, acostumbrados a mandar, a tenerlo todo y a no hacer nada, puede más que el hambre y la desnudez.

Resulta verdaderamente inaudito, por lo insensato, este grado de rencor, de orgullo y de pereza, al que puede llegar una clase social derribada por una revolución. El espectáculo de Smolensky constituye, en el fondo, el síntoma más fehaciente y revelador de la descomposición moral a que habían llegado las clases dominantes del zarismo. No de otra manera se explica este fin, absurdo y repugnante, de la burguesía y la nobleza destronadas. Es una agonía nauseante y retorcida de alcohólico, de epiléptico o de leproso. ¡Poder trabajar y no querer trabajar! ¡Y preferir mendigar y descamisarse en medio de la vía pública ante los ojos precisamente de la clase enemiga!

***

Cuando volvemos de Smolensky nos detenemos ante la iglesia del Salvador. Está abierta de par en par. Al acercarnos

158

oigo un canto coral religioso, que resuena en el interior de la iglesia. Le digo a Yeva:

—¿Cómo? ¿Un oficio religioso? ¿Las iglesias siguen entonces abiertas en Rusia?

—Sí. Nunca se han cerrado las iglesias en Rusia, aparte de los años tormentosos y anárquicos de las guerras civiles.

—¿Y las llamadas persecuciones religiosas?

—No hay en Rusia tales persecuciones. El Estado solo ha declarado la separación de la Iglesia, la nacionalización de los bienes religiosos y la libertad de cultos, cosas las tres, como usted ve, que figuran dentro del programa mínimo del liberalismo burgués. Eso es todo lo que el Sóviet ha hecho en materia religiosa en Rusia. Lo demás ha sido y es obra directa y libre del pueblo trabajador. Lo demás es el resultado de la campaña ateísta que lleva a cabo gran parte del proletariado ruso, de modo espontáneo e independiente del Sóviet. Este tolera y respeta la práctica de todos los cultos y, entre las garantías que otorga a la vida religiosa en general, figura, desde luego, la que se refiere a las actividades ateístas. El ateo exige del Estado que se respete su ateísmo con el mismo derecho con que el pope exigiese respete su culto. La libertad de cultos acarrea a veces más conflictos que los que pudiera imaginarse, singularmente en sociedades revolucionarias como la Rusia de hoy. Las luchas religiosas no siempre han gravitado en torno a la voluntad política de un régimen. Muchas veces ellas se producen como manifestación de crisis profundas del sentimiento religioso de las masas. Esto último es lo que pasa hoy en Rusia. El Sóviet, en este caso, no interviene en el conflicto sino para garantizar prácticamente la libertad de cada trabajador —deísta o ateo— y para salvaguardar el orden social. Entremos —añade Yeva, franqueando la puerta de la iglesia.

Principiando por el atrio, hasta los recónditos altares y sacristías del templo, se advierten signos de abandono y más aún, trazas de haber sido la iglesia despojada de todos sus tesoros artísticos y litúrgicos. El aspecto material del templo es el de un lugar arrasado por un saqueo o por una mudanza no acabada. Ni tapices ni alfombras. Ni escaños ni reclinatorios. Ni colgaduras ni encajes en los altares. Ni cirios ni flores. Ni efigies ni cuadros. Las hornacinas aparecen vacías. Apenas unos cuantos iconos quedan en el ángulo derecho, a la entrada del templo. Todo ofrece un tinte gris o azul desteñido. Pesa en la plástica de los muros desiertos y de las talladuras de oro falso una desolación infinita.

Pero la escena que luego se desarrolla ante mis ojos es aún más impresionante. A unos cuantos pasos de la puerta de entrada hay un pequeño grupo de gente rodeando un altar improvisado, el único viviente del templo. El altar se reduce a una estrecha plataforma cubierta de un lienzo blanco. Sobre la plataforma hay un sillón vetusto en el que está sentado un pope, revestido de una burda casulla desgarrada. El pope sostiene en sus dos manos una esfera dorada, de la que emerge una cruz diminuta también dorada. Al pie de la plataforma se ve a otro pope, con una estola roja por toda vestidura ritual. Los dos popes y los pocos fieles que les rodean cantan a coro una música sagrada, dolorosa, casi gemebunda.

Los fieles eran en su totalidad viejos, hombres y mujeres. Y eran pobres, terriblemente pobres. Barbudos ellos, y ellas muy encorvadas; sus vestimentas estaban rotas, sucias, polvorientas, como tras de una larga y azarosa caminata.

—¿De dónde vienen estos pobres? —le pregunto a Yeva.

La komsomolka se ha quedado pensativa, oyendo el canto sagrado. Al fin me dice:

—No lo sé. Quizá son campesinos de los alrededores de Moscú. Pero más bien me parecen mujiks salvajes, traídos por los popes para figurar como fieles en el oficio de hoy. Los popes se valen de todos los medios para sostener y fortalecer la vida de la Iglesia.

—¿Usted, Yeva, es atea?

—No. Soy indiferente en materia religiosa. Quizá me haga más tarde atea. Me interesa la propaganda ateísta, pero no me convencen todavía sus apóstoles.

—¿Y si el Sóviet se lo obligase?

—Ya le he dicho que el Sóviet no interviene en las luchas religiosas. El Sóviet no obliga a nadie a ser ateo ni a ser religioso. La libertad de cultos es en Rusia una realidad palpable, como lo prueba este servicio religioso que estamos viendo.

De todas maneras, sean campesinos civilizados o mujiks salvajes estos fieles, lo que hay de cierto es que sus caras de hambrientos, su desnudez, sus miradas llenas de angustiosa incertidumbre, su canto, todo en ellos está henchido de tragedia. Sus voces y sus ojos expresan un terror misterioso, vago, aunque real y viviente. ¿De qué tendrán miedo ahora estos pobres seres, para agruparse y clamar con tanta ansiedad, en torno a los dos popes, en la iglesia del Salvador, de Moscú? Ellos mismos no lo saben. ¿Temen a Dios? ¿Temen al zar todopoderoso? ¿Temen a los bolcheviques? ¿A la hambruna? ¿A la guerra? ¿Temen a la luz inmarcesible de la revolución mundial? ¿De qué nuevos fantasmas espeluznantes les habrán llenado la cabeza los popes para catequizarlos? Es difícil saberlo. Toda la vida, todo el dolor y todos los dramas y conflictos de su ser profundo se agita ahora en sus miradas y en sus voces. Y no hay cosa más insondable que el canto y la mirada de los hombres.

XIII. La madre. Matrimonio y unión libre. Los hijos. Fin de la familia burguesa. Aborto legal. Divorcio. La familia soviética. La familia socialista

En la Casa del Campesino, una de las compañeras del servicio, Ana Virof, tendrá unos treinta años. Es madre de tres criaturas y, además, ha trabajado hace poco en la maternidad de una fábrica de Moscú. Conoce, en consecuencia, a fondo cuanto se relaciona con la situación de la madre y de la esposa en Rusia. Sus informes, como vamos a ver, son preciosos a este respecto.

—¿Es usted casada? —le pregunto.

—Sí.

—¿Qué diferencia existe entre una pareja casada y una pareja unida por el amor libre? ¿Qué ventajas tiene usted sobre las mujeres o madres no casadas?

—Ventajas, ninguna. La pareja casada y la unión libre están en el mismo pie de igualdad en Rusia. Ante la ley, ante el Estado, ante la sociedad, ambas uniones son completamente iguales. Económicamente, también. En fin, desde todo punto de vista.

—¿Y en cuanto a los hijos?

—También. Los hijos de matrimonio gozan de los mismos derechos y de la misma dignidad moral que los hijos de la unión libre. No los distingue ninguna diferencia, ni respecto de los padres, ni del Estado, ni de la sociedad.

—¿Entonces? ¿A qué el matrimonio? ¿Por qué no existe solamente la unión libre?

—Solo hay una pequeña diferencia: para la investigación de la paternidad. Aunque actualmente la moralidad social, dentro del Sóviet, ha llegado a un alto grado de pureza, quedan aún en Rusia muchas taras de la época zarista y de las guerras civiles. Las relaciones sexuales contienen, con cierta frecuencia, mixtificaciones derivadas de ligerezas típicas y representativas de la psicología burguesa. Esto acontece, señaladamente, en las poblaciones urbanas. En el campo, no. El campesino es fundamentalmente monógamo.

—¿Quiere usted decir que en la sociedad soviética la unión libre favorece la poligamia, el libertinaje sexual?

—Sí. En cierta medida y momentáneamente. La poligamia es fenómeno genuino de toda sociedad estructurada en clases. «La poligamia —dice Engels— es un producto de la sociedad burguesa, y ella se realiza hoy en forma de prostitución.» A este propósito, el compañero Riazanov, director del Instituto Marx Engels, ha escrito páginas convincentes. La familia soviética trata, por el contrario, de eliminar las postreras y recalcitrantes formas poligámicas del amor prerrevolucionario, para basarse únicamente en una monogamia rigurosa y austera, al propio tiempo que espontánea y temperamental del hombre nuevo. Las leyes e instituciones del Sóviet, a este respecto, son claras y categóricas. Marx ha dicho que no hay familia posible ni amor posible sino a base de la unión monogámica. Más todavía. El grado de pequeñez de un individuo —hombre o mujer— se mide por su mayor o menor inclinación poligámica. Un polígamo no puede ser nunca un gran hombre.

—Esto no es lo que se cree en el extranjero —le digo a Ana Virof—. Hasta los más iniciados en cuestiones sociológicas modernas suponen que comunismo ruso quiere decir destrucción de la familia, poligamia, libertinaje...

—¡Qué original! Esas suposiciones proceden, seguramente, de vulgares derivaciones del difunto sainsimonismo de los inconstantes. Usted no tiene sino que observar en torno suyo. Una austeridad ostensible domina en la vida diaria de hombres y mujeres. Estoy casi segura —porque yo he vivido en Alemania y en Francia— que en ningún país capitalista la familia y las relaciones sexuales son de mayor moralidad que en Rusia. No tiene usted más que ver las maneras, las costumbres, los gestos, las miradas y la vida entera de cuantos le rodean.

En efecto. En la medida en que un viajero puede sondear y estudiar este aspecto de la vida rusa de hoy, no es difícil cerciorarse de la profunda diferencia que hay en este punto entre la sociedad soviética y las sociedades burguesas. No se advierte en ningún momento en Rusia esa atmósfera de concupiscencia, de obsesión sexual y de vicio que flota como una onda de fuego sobre todos los sectores y todas las formas sociales del capitalismo. Dentro de la sociedad burguesa vigila constantemente, con una obstinación enfermiza y propia de sociedades decadentes, la pesadilla del deseo; disfrazado éste en galantería, en modos de vestir, en gustos artísticos o literarios, etc., o cínicamente franco y sin caretas. En el teatro, en la calle, en el baile, en el trabajo, en la iglesia, la pesadilla sexual brilla en ojos de hombres y mujeres, de jóvenes y viejos, de ricos y pobres.

El cambio es brusco al llegar a Rusia. El aire se purifica. Un conjunto de factores de la nueva vida cotidiana limitan racionalmente la función social creadora del deseo. No es, como creen algunos, el clima geográfico lo que determina y caracteriza la vida sexual de un pueblo, sino el clima social. La prueba está en que, durante el zarismo, la corrupción era en las ciudades rusas tan grande como en las demás ciudades europeas. La Perspectiva Nevsky, de Petrogrado, escondía tantos «encantos» como Montmartre, Piccadilly o Friedrichstrasse. Vino la revolución y, no sin atravesar previamente por crisis agudas y graves en este terreno, una nueva moralidad social nació.

—La debacle social producida por las guerras de la reacción —me dice Ana Virof— se reflejó automáticamente en la familia y en las bases sexuales del amor. El Sóviet, abrumado en eso años por esas guerras, no podía atajar debidamente tales estragos en la vida familiar y sexual. Y hasta hoy quedan, repito, rastros tenaces y clandestinos de esa crisis, los mismos que suelen evidenciarse a menudo en las uniones libres. El matrimonio permite, en este punto, evitar, por ejemplo, los problemas de investigación de la paternidad, emanados, como ya he dicho, de las tendencias poligámicas o de ligerezas temperamentales del burgués.

—¿Quiere usted decir que la promiscuidad existe aún en Rusia?

—Sí, aunque en muy reducida esfera. Más frecuente es el caso del hombre que vive sucesivamente con varias mujeres, que el caso del que vive simultáneamente con dos mujeres.

—¿Por qué, entonces, no prohíbe o condena el Sóviet la unión libre, estableciendo, como única base de la familia, el matrimonio?

—En principio, el matrimonio es antisocialista, antirrevolucionario. El matrimonio, como la poligamia —aunque esto parezca una contradicción—, es una forma genuina de la sociedad organizada en clases. El matrimonio es una de las instituciones más reaccionarias y más salvajes de la historia. El Sóviet lo conserva solamente por el momento, con el fin de controlar en parte ciertas confusiones familiares, como aquella de la paternidad, contextuales a la moribunda psicología burguesa. Entretanto, la unión libre está haciendo ya camino hacia su consolidación definitiva y orgánica, como base única de la futura familia socialista. De este modo, mientras el matrimonio pierde día a día su prestancia en Rusia, la unión libre gana rápidamente terreno, sobre todo en las nuevas generaciones. El puente entre ambas instituciones lo constituye el divorcio, que descansa, entre nosotros, sobre principios y leyes enteramente nuevos en la historia.

—¿Usted ha sido divorciada alguna vez?

—Sí. Hace de ello dos años y medio. Precisamente por eso estoy enterada de estos menesteres. Dos son las principales diferencias entre el divorcio en las sociedades capitalistas y el divorcio en el Sóviet. Fuera de Rusia, la demanda de divorcio da origen a un proceso judicial, en el que el marido y la mujer deben, al fin y al cabo y de grado o por fuerza, convenir en el pronunciamiento del divorcio. Este no es posible sin un debate judicial y sin la venia, espontánea o forzada por la ley, de los cónyuges. En Rusia no es necesario ningún proceso ni ningún acuerdo paritario. Basta que solicite el divorcio uno de los cónyuges —¡uno solo de ellos!— para que sea decretado al instante. Cuando yo me divorcié, todo lo que hice para obtener la separación de mi marido se redujo a lo siguiente: me presenté sola ante una ventanilla del registro de estado civil, presenté mi cédula matrimonial y dije al funcionario que yo me quería divorciar. El funcionario me hizo firmar en el acto la declaración correspondiente en un libro y se me extendió una papeleta, en la que constaba mi divorcio. Agradecí y salí. Eso fue todo...

—¿Y su marido?

—Fue notificado del divorcio por un aviso escrito del registro.

—¿Y qué dijo?

—Nada. Dolerse sentimentalmente.

—¿Por qué se divorció usted?

—Toca usted justamente la segunda diferencia con el divorcio burgués. Advierto a usted que, al pedir el divorcio, ningún cónyuge está obligado a explicar la causa por la cual se divorcia. El solo hecho de solicitarlo basta para otorgarlo *ipso facto*. ¿Por qué no exige la ley soviética ninguna exposición de motivos para el divorcio? La ley reconoce así, tácitamente, que el fundamento central del matrimonio es y debe ser la libre voluntad de cada cónyuge, voluntad que encarna, dentro de la mecánica sentimental del matrimonio soviético, el amor de los casados. Consecuentemente, el marido o la mujer que solicita el divorcio está probando con su demanda que ya no quiere seguir unido a su cónyuge, es decir, que ya no le ama. Esto le basta al Estado, ya que éste no tiene ningún interés en defender y proteger un matrimonio cuyo fundamento esencial —el libre consentimiento de ambos cónyuges— se ha derrumbado. En los países capitalistas, ¿sucede lo propio? Lejos de eso. Allá figuran en el Código, como causas de divorcio, toda suerte de argumentos y pretextos: malos tratos, delitos, enfermedades, etc., pero no figura lo que, racionalmente, debería figurar en primer término: la libre voluntad del cónyuge, que a veces puede responder, dentro de la psicología matrimonial burguesa, al hecho de haber cesado el hombre o la mujer de amar a su compañero. Así se explica cómo la casi totalidad de los matrimonios burgueses continúan funcionando a la fuerza. Así se explica cómo la familia se convierte en un infierno, salpicado de tragedias, de vicios, de falsedades, de suicidios y todos los infortunios...

—En suma, ¿cuáles son las causas de divorcio en el Sóviet?

—Todas están contenidas en una sola: la libre voluntad de los cónyuges o de uno solo de ellos. Esta es la segunda distinción entre el divorcio burgués y el soviético. Me parece que ella constituye un paso extraordinario y una liberación incalculable del matrimonio.

—¿Y usted?...

—Yo me divorcié precisamente porque ya no quería a mi marido. Simplemente por eso...

—Pero semejante divorcio ofrece, en mi opinión, graves peligros...

—El Sóviet no lo ignora —me dice Ana Virof—. Al comienzo, los abusos fueron muchos. Poco a poco, y debido al control de la ley, al influjo del nuevo género de vida soviética y al control moral del partido comunista, los abusos son menos. El número de divorcios se reduce día a día. Una reciente estadística demuestra una disminución progresiva de año en año. Actualmente, según diagramas publicados hace poco por *La Isveztia*, hay más divorcios en Francia que en Rusia. Esto prueba, como usted ve, el creciente afianzamiento moral de la familia soviética. Esto prueba, asimismo, que las nuevas disciplinas sentimentales rusas van consolidándose a paso firme, y que ellas devienen más y más espontáneas y temperamentales.

—¿Y en cuanto al régimen familiar?

—Contrariamente a lo que se propala en el extranjero, la familia existe en Rusia. Usted debe haberlo ya comprobado.

—No muy bien, compañera. Esto de la familia dentro del Sóviet, como muchos otros aspectos sociales rusos, se me presenta un tanto vago y confuso.

—Pues bien —afirma Ana Virof—. La familia del tipo burgués clásico domina en una mínima parte la población rusa. Este tipo de familia tiende a desaparecer, por ser contrario a la nueva estructura social. Junto a él está naciendo el tipo de la familia socialista, cuyas bases y primeros esbozos apenas se anuncian vagamente. La familia socialista es una institución que vendrá, pero que anda muy lejos aún del régimen ruso actual. Sus gérmenes —indecisos y fugitivos— que más se presienten que se ven, duermen o, más exactamente, están incubándose en la familia soviética, forma ésta intermediaria y de transición entre la vieja y derogada familia burguesa y la futura familia socialista. Este tipo de familia soviética se caracteriza por tres tendencias. La primera consiste en la disolución y debacle de los valores tradicionales de la familia burguesa. Esto quiere decir que en la familia soviética obran cada vez menos las normas de conducta del padre, de la madre y del hijo burgués. Las relaciones sentimentales y jurídicas de la familia capitalista se relajan y desaparecen rápidamente. Es la bancarrota y la muerte inminente del hogar antiguo. Signos de esta quiebra son la igualdad absoluta —en todos los terrenos— del marido y la mujer, el fin de la patria potestad y la intervención del Estado en los más íntimos y minuciosos repliegues de la vida familiar. Esta ha cesado de ser un pequeño Estado dentro del Estado, para convertirse en una célula abierta y entrañada, por todos sus respectos, al gran organismo colectivo. La familia ha sido vaciada. Sus entrañas se han volteado, asumiendo una nueva posición respecto del resto de la sociedad. Muchas de ellas han ardido, sin dejar ni cenizas, en el crisol de la revolución. Otras quedan aún. ¿Qué devendrán después?...

«La segunda característica de la familia soviética consiste en haber trasladado el eje de ésta de la casa a la fábrica. Las relaciones familiares han saltado los muros, alcanzando a los individuos de toda una clase social: la proletaria. El hogar, en Rusia, ya no lo integran los padres y los hijos, sino todos los trabajadores. Es un solo hogar, formado de millones de padres y millones de hijos. Es el hogar de los hogares. Su mecánica sentimental se ha multiplicado, liberado y amplificado. Pero la nueva familia rusa no solamente ha dilatado y purificado sus valores sentimentales. Ella les ha dado a éstos una base nueva en la historia: el trabajo. ¡El amor inspirado y fundado en el trabajo! ¡El parentesco del trabajo! De aquí que la fábrica se ha convertido en la fuente matriz de todas las relaciones, sentimientos, intereses e ideas de cada individuo. De ella parte toda inspiración vital, toda fe y toda esperanza humana, y a ella convergen todos los esfuerzos, sentimientos y pasiones. En ella está el principio y el fin de la existencia. En ella está la vida. Hombres y mujeres no piensan sino en la fábrica. El resto de la existencia ha sido relegado a segundo plano. El instinto del trabajo ha dominado a los instintos de marido, de padre, de esposa y de hijo. Gladkov ha dicho: "La nostalgia de las máquinas es más fuerte que la nostalgia del amor". Solo queda de la familia antigua el instinto de hermano, pero de hermanos en la producción. Es ésta la gran fraternidad del trabajo.»

La tercera característica de la familia soviética reside en los gérmenes socialistas que en ella se están incubando lenta y trabajosamente. ¿Cuáles son esos gérmenes? Es difícil precisarlo, pues ellos son aún tan difusos que no se está seguro de cómo serán sus formas posteriores y definitivas. Sin embargo, dos señales se pueden ya constatar al respecto: la desindividualización de los instintos y sentimientos de familia y la afirmación racional y progresiva de los mismos. El sentimiento paternal o filial es menos egoísta y exclusivo. Se ha socializado. Un padre es más padre de todos los hijos que del suyo propio únicamente. Un hijo es más hijo de todos los padres que del suyo propio únicamente. De otra parte, el sentimiento paternal y filial se han modificado no solo en extensión, sino también en su esencia. El padre ha bajado al nivel del hijo, haciendo de él más un hermano que un hijo.

Este, a su vez, ha subido al nivel del padre, haciendo de él más un hermano que un padre. El árbol genealógico ya no es una pirámide jerárquica. Es más bien un gran círculo absolutamente horizontal, integrado por todos los miembros de la sociedad. Tratándose del sentimiento conyugal, la abolición de la propiedad privada ha nivelado de golpe al marido y la mujer, liberándolos a uno de otro y convirtiendo el antiguo vínculo de posesión y consumo recíprocos, en libre y fraternal compañerismo. Por último, dentro de la familia soviética, no solo no se han destruido los instintos y sentimientos de familia, sino que están afirmándose y purificándose en lo que ellos tienen de fundamental y consustancial con la naturaleza humana. Este proceso de afirmación se lleva a cabo encauzando esos instintos por derroteros más racionales y colectivos que antes. No es que en Rusia el padre no ame a su hijo —como se supone tendenciosamente en el extranjero—, sino que sigue amándole, pero con un amor más racional, más justo, más generoso, más libre, más humano y más universal. No es tampoco que la mujer ya no quiera a su marido. Este cariño existe. Solo ha cambiado de forma, y más aún, de esencia. Los miembros de la familia se aman al aire libre, engranando sus sentimientos familiares de un modo nuevo —menos individual y más social— con el complejo colectivo en que viven y del cual dependen. Padres e hijos comprenden que ellos pertenecen más a la colectividad que a la familia. De ahí la conexión o puente entre este último signo socialista naciente y el paso de la familia soviética por el eje fraternal de la fábrica, fundiéndose con ésta, centro indiscutible del nuevo orden colectivo ruso.

Ana Virof conoce, según se ve, ampliamente cuanto se relaciona con la familia rusa. No es raro encontrar en Moscú obreros y obreras de abundante cultura sociológica, en razón de la gran propaganda y difusión que en este terreno realizan los centros académicos revolucionarios rusos. Unas últimas preguntas le hago a Ana Virof.

—Usted es madre y podría informarme algo sobre la maternidad en Rusia.

—Dos cosas hay, según creo, de absolutamente nuevo en este punto entre nosotros: el aborto y el régimen del embarazo normal. Hay dos clases de aborto en Rusia: el aborto clandestino y el aborto legal. El primero es el que practican las madres arbitrariamente, movidas por motivos e intereses caprichosos y egoístas, por evitarse dolores y cuidados, por no deformarse (!) el talle o por cualquier otra causa inconfesable y oculta. En este caso, el aborto es un crimen, como en todos los demás países, y la ley lo persigue y castiga severamente. El aborto legal es el que se hace por el ministerio de la ley y a causa de enfermedad orgánica y grave de uno de los padres o por accidente sobrevenido durante el embarazo a la madre. Este aborto lo ordena el médico y es obligatorio para los padres. De no llevarlo a cabo, la infracción acarrea delito y sanciones igualmente severas. Este aborto legal y obligatorio es totalmente nuevo en el mundo. Después de Rusia, es Alemania la que va a establecerlo.

—¿Y en lo que toca al régimen del embarazo normal?

—Quiero referirme con esto al control riguroso del Estado respecto de la madre. Durante las seis semanas de reposo que preceden al nacimiento y en las seis semanas que le siguen, la madre es vigilada minuciosa y diariamente por el Estado. Un personal especial visita sin aviso previo a la madre en su domicilio o la vigila afuera. El médico va a verla cuantas veces él lo cree necesario. Un régimen especial para cada caso es impuesto a cada madre, y el incumplimiento de este régimen es castigado por la ley. Además, como la madre recibe, durante esos dos lapsos, su salario completo, el Estado la vigila a fin de que ese dinero sea invertido en el estricto cumplimiento del régimen impuesto, el cual está destinado a proteger y estimular la salud y la vida de la madre y del niño...

—Pero un tal control supone un personal de Estado innumerable y gastos imposibles...

—En efecto. En este servicio hay un personal inmenso y los gastos del Estado son, asimismo, incalculables. Pero ni una ni otra cosa son imposibles. Desengáñese usted. La riqueza social es infinita, inagotable. De ella se puede sacar dinero para todo. Prueba de ello es que el Sóviet sostiene y paga personales innumerables para los diferentes y múltiples servicios públicos. La diferencia es la siguiente: en los países capitalistas, toda la riqueza social va a manos de unos cuantos patronos, y el Estado es casi siempre un mendigo que no tiene con qué pagar ni siquiera a los maestros de escuela, mientras que en Rusia toda la riqueza social está en manos del Estado, el cual dispone así de ingentes recursos para servir a los intereses sagrados y vitales de la colectividad, como es el de la maternidad, por ejemplo. Así es como, mientras las madres y los niños proletarios están abandonados en los países burgueses a su propia suerte, en Rusia merecen, por el contrario, todos los cuidados y la protección del Estado. ¿Ha estado usted ya en las maternidades de las fábricas?

—Sí. Pero en este campo, como en otros muchos, el observador no puede enfocar sino un momento —el presente— de un fenómeno social. Ver una cosa no basta para abarcarla en toda su función social. Lo que a mí me interesa no es tanto una realidad, sino el proceso de esta realidad. Y el proceso no es accesible más que asistiendo al devenir de las cosas, a la vida de las cosas. El presente, desde este punto de vista, es una cosa muerta. Por eso los informes de usted —que vive y ha vivido lo que ahora me expone— vienen a completar mis datos y observaciones del momento en este punto. En efecto, no he visto nunca en Rusia espectáculos lastimosos de madres y criaturas viviendo una vida de abandono y atentatoria a la salud de las futuras generaciones. Estos espectáculos, tan frecuentes entre los obreros y campesinos de otros países, son aquí reemplazados por una infancia robusta, alegre y llena de salud espiritual. Esta es la impresión que se tiene en la calle, en las maternidades, en las escuelas, en los asilos y en los parques infantiles.

XIV. El cinema. Rusia inaugura una nueva era en la pantalla

Vladimiro Maiakovsky me ha llevado a la *générale* de *La línea general*, de Eisenstein.[20] Después de una explicación contradictoria, es decir, debatida, de Sneiderov, operador de la película, la iniciación de ésta sobre la pantalla es recibida por el público —de críticos, artistas y escritores— con una interminable ovación. ¿Ovación clasista al carácter propagandista de la película? ¿Ovación admirativa a Eisenstein? En muy pequeña medida, ovación al gran artista, y casi por entero ovación a la propaganda.[21] Es entendido que el plano dominante en Rusia lo constituye hoy el político-económico

20 Tratándose del cinema, tomo, desde luego, como su más puro exponente la obra de Eisenstein. Esta basta para dar una idea fundamental de la pantalla rusa. Sin embargo, existen junto a Eisenstein dos o tres corrientes más, diversas de la suya y de mucha envergadura. Me refiero a la de Tziga Vertov, a la de Pudovkin, a la de Protazanov. En cuanto al cinema hablado, no se le atribuye ninguna importancia en Rusia. «La transformación del cinema —dice a este propósito Eisenstein— no vendrá del sonido. La transformación del cinema vendrá de la intelectualización cinemática del mundo.» De otro lado, el mismo Eisenstein ha expresado que la palabra solo puede ser utilizada para reemplazar a la escritura actual en la pantalla y para resolver metronómicamente dificultades en el «decoupage». Por último, política y tácticamente, el cinema hablado no hace sino crear dificultades idiomáticas para la difusión, propaganda y compenetración socialista entre las diversas naciones de la Unión Soviética. El cinema hablado crea nuevas fronteras, separa a los pueblos. Es, desde este punto de vista, antisocialista, contrarrevolucionario.

21 El arte realmente revolucionario persigue, ante todo, el objetivo de la propaganda —pensaba Erwin Piscator al fundar el Teatro del Proletariado de Berlín. Jorge Grosz decía asimismo hace poco: «El artista de nuestros días no puede escoger sino entre el arte de mera técnica y el arte de propaganda por la lucha de clases. Si no quiere ser un fracasado, habrá de optar por lo último».

revolucionario. No significa esto —como lo imaginan los celosos profesores y estetas burgueses— que el Sóviet crea superiores la economía y la política e inferior el arte. La ordenación marxista de los fenómenos sociales en infraestructuras y superestructuras —economía, política, derecho, moral, religión, filosofía, arte—, no supone ninguna jerarquía entre ellos. Cuando Marx afirma que la base de la sociedad humana es la economía, no pretende que ésta sea superior a la política, al derecho o al arte. Lo que hace únicamente es constatar un hecho, una realidad. Es como cuando se constata que a la base del cuerpo se hallan los pies; con esto no se pretende afirmar que los pies son superiores o inferiores a la cabeza, al tronco o a los brazos.

¿Es que no goza el plano económico-político en otros países de la misma prestancia social que en Rusia? Sí. La economía y la política, en todos los países, tienen prestancia idéntica que en Rusia y la han tenido en toda la historia. La diferencia consiste en que en Rusia las actividades económicas y políticas son dominio de todos y al servicio de todos, mientras que en los países capitalistas o feudales la economía y la política son manejadas y dirigidas por unos cuantos y al servicio de unos cuantos. Aquí es la masa la que produce la riqueza en que se apoyan y se desenvuelven todos los fenómenos sociales, pero solo unos pocos —los patronos o señores— se ocupan de orientar esos fenómenos en provecho y bienestar de esos pocos. Así, pues, aparentemente, para la mayoría y a los ojos de ésta, se diría que la economía y la política carecen de prestancia social, desde el momento en que ellas no dependen más que del brujuleo y maniobras de una pequeña capilla de vedettes. ¿Quién se ocupa en Francia de estudiar, encauzar y perfeccionar con su concurso individual los métodos de transporte? ¿Un transeúnte cualquiera, hombre o mujer? Evidentemente, no. Se ocupa de ello solo el fabricante de motores, de ruedas o neumáticos, o el empresario de tranvías, o el fabricante de acero, o el concesionario de ferrocarriles. El simple transeúnte cree que eso no le concierne. (En efecto, no le concierne sino a la hora de pagar su billete de tren o el flete de sus bagajes, o a la hora de esperar inútilmente un tranvía problemático.) ¿Y quién se ocupa en Inglaterra de mejorar y humanizar el régimen penal? ¿Un transeúnte cualquiera? No. Se ocupa de ello solo el diputado, el ministro, el lord, el magistrado o el profesor de Cambridge o de Oxford. Esto no concierne al simple transeúnte sino a la hora de entrar en prisión por haber dicho más verdades al equívoco Príncipe de Gales, o por haber condenado públicamente la guerra de las patrias burguesas. Y por este camino, todos los transeúntes del mundo capitalista —que son masa— han llegado a la conclusión de que la economía y la política no pasan de ocupaciones de iniciados, remotas, borrosas, de las que la multitud puede prescindir sin dificultad. En suma, los fenómenos políticos y económicos burgueses consienten y exigen la intervención popular solo para hacerla sufrir sus consecuencias y para echar sobre los hombros de las masas el aparato de la producción, base de esos fenómenos, pero de ningún modo para encauzar y dirigir a éstos. Los profesores y estetas burgueses defienden, consciente o inconscientemente, esta misma realidad.

En Rusia, la política y la economía se hacen a la luz pública, al aire libre. Dependen de la gestión directa y efectiva de todos. Se han democratizado. Son los problemas de todos y que son resueltos por todos, puesto que sus soluciones y transformaciones redundan en daño o en provecho de todos. La gestión soviética de la cosa pública —por su ancha base electiva, su derecho de revocación y la unión en las manos de las masas de los poderes legislativo y ejecutivo— contiene la entraña democrática más directa y genuina que forma alguna de gobierno haya disfrutado y practicado en la historia. Apenas las repúblicas griegas se le asemejan, aunque tan solo por respectos formales y externos, mas no por su contenido de masas, realmente democrático y creador. De aquí que la economía y la política tengan en Rusia una prestancia visible y fulminante ante el pueblo,

∗∗∗

Como en *El acorazado Potemkin*, Eisenstein realiza en *La línea general* una revolución de los medios, de la técnica y de los fines del cinema. La que trae Eisenstein es una estética del trabajo (no una estética económica, que es una noción disparatada y absurda). El trabajo se erige así en sustancia primera, génesis y destino sentimental del arte. Los elementos temáticos, la escala de imágenes, el *decoupage*, la cesura de la composición, todo en la obra de Eisenstein parte de la emoción del trabajo y concurre a ella. Todo en aquélla gira en torno al novísimo mito de la producción: la masa, la clase social, la conciencia proletaria, la lucha de clases, la revolución, la injusticia, el hambre, la naturaleza con sus materias primas, la historia con su dialéctica materialista e implacable. ¿Qué vemos y sentimos en el fondo de estas formas del proceso social? El trabajo, el gran recreador del mundo, el esfuerzo de los esfuerzos, el acto de los actos. No es la masa lo más importante, sino el movimiento de la masa, el acto de la masa, como no es la materia la matriz de la vida, sino el movimiento de la materia (desde Heráclito a Marx). Eisenstein, que va a llevar en estos días a la pantalla la teoría del materialismo histórico, se ha ceñido en *La línea general* y en *El acorazado Potemkin* al leitmotiv del trabajo, movilizando,

180

para realizarlo, el aparato social entero: el Estado —reaccionario y revolucionario—, el ejército, el clero, la burocracia, la marina, la burguesía, la nobleza, el proletariado, la fábrica, el agro, la ciudad, el tractor, el aeroplano, la riqueza, la miseria. Porque estos diversos factores sociales no son más que creación del trabajo. Sin él, la sociedad humana es imposible. El trabajo es el padre de la vida, el centro del arte. Las demás formas de la actividad social no son más que expresiones específicas y diversificadas del acto primero de la producción económica: el trabajo.

Este leitmotiv central lo trata Eisenstein en varios tramos cinemáticos.

El primer tramo cinemático en Eisenstein es el mecanismo social del trabajo, su modo de realización humana: cómo se hace y cómo debería hacerse el trabajo por los miembros de una colectividad. ¿El trabajo es cosa de un solo hombre, o de muchos, o de todos los hombres? Áspero y, a la vez, llano enunciado éste que Eisenstein plantea y resuelve dialécticamente en su cinema. El trabajo fue individual en la era presocial de los hombres, pero él empezó luego a ser social el día en que nació la colectividad humana. Es más: es el día en que por primera vez se unieron dos hombres para trabajar, que nació el primer germen de la sociedad. El trabajo es el padre de la sociedad humana. El trabajo es en el hombre un fenómeno esencialmente colectivo, un acto de multitud. Todos deben trabajar. Pero ¿cuáles son, de hecho, las modalidades sociales de la actual producción económica? Eisenstein llega entonces al drama social del trabajo, originado por la maldad de unos cuantos hombres para quienes el esfuerzo de la producción debe ser desplegado únicamente por ciertas capas sociales, mientras que otras tienen una especie de derecho a no hacer nada, y para quienes, de otro lado, la riqueza creada por el trabajo debe seguir en su distribución, un método inverso al de su producción: los que la producen toman apenas un 5 % de ella, mientras que los que no la producen toman el 95 %. La lucha entre unos y otros es la lucha de clases en todas las zonas diarias de la convivencia: en el hogar, en la calle, en el templo, en el campo, en el taller, en el navío, en el cuartel, en la oficina, en el banco. Es la explotación del hombre por el hombre. Las formas más violentas de este drama social del trabajo son la hambruna de los trabajadores, el lujo de los parásitos, la protesta de las masas, la masacre de éstas por sus explotadores, la insurrección y la toma del poder por los productores y la reacción consiguiente de aquéllos.

En fin, la socialización integral y justa del trabajo —en la producción de la riqueza y en su distribución— constituye el segundo aspecto cinemático en Eisenstein. Esta es la edificación socialista por el proletariado, la colectivización infinita de la vida por los trabajadores. El socialismo. Aquí llega Eisenstein a la glorificación del trabajo, no ya del trabajo como mito asentado en el origen de la sociedad humana —punto de partida del desarrollo total del arte eisensteiniano—, sino como mito asentado en el futuro. Es ésta la fiesta de esperanza, de fe, de esfuerzo, de buena voluntad, de justicia práctica y de amor universal.

Como se ve, los dos momentos cinemáticos en Eisenstein no son más que formas y modos de determinarse dialécticamente del leitmotiv que es el trabajo, base de toda obra de arte, como lo es del aparato social de la historia. Este leitmotiv abraza y llena tácitamente —por omnipresencia— el desarrollo entero de la obra de Eisenstein.

¡Las imágenes del trabajo! El artista ha estado casi siempre certero en la selección, composición y *decoupage* de las imágenes. Aquí, más aún que en la contexturación del leitmotiv, la creación cinemática es más nueva e inédita en la historia de la pantalla. Por primera vez en el cinema se sorprende, se compone y se *decoupe* con un asombroso efecto cine dialéctico —para emplear un epíteto del propio Eisenstein—, las fuerzas e instrumentos elementales de la producción económica, el aparato del Estado, los imponderables de la técnica industrial, las formas de la riqueza social, los avatares de la materia prima, el materialismo dialéctico de la historia, el movimiento y el reposo de la vida. Hay en *El acorazado Potemkin* y en *La línea general* prodigios en este punto. Por ejemplo: un friso detractores, vistos desde un avión, enroscándose como una serpiente sobre el predio del kolskos; una sierra de carpintería cortando como un arco de violín un tronco de pino nórdico o pasando por la entraña de una viga con el vaivén isócrono de una lanzadera; la telaraña de acero en una sección de kombinat, en la que los grupos de obreros están situados y distribuidos como los ganglios de un gran simpático de pesadilla: un desfile de turbinas de ocho en fondo, enfocado de frente y con altura, en las gigantescas instalaciones eléctricas de Nieper; un juego de bielas simultáneas, tomado a quemarropa en la baja maquinaria de un navío; la mano que ordeña y la máquina de ordeñar, saliendo ésta de aquélla con el salto marxista de la historia; el toro en celo, en el momento de arrancar como una flecha sobre la hembra distante, que le espera; un escuadrón apuntando sobre la masa; los billetes de banco cayendo sucesivamente de las manos de los pobres en la mesa del kulak; el proceso de transformación de la leche en queso, mantequilla y demás productos derivados; la marea de un trigal, levantada por la brisa (placa negativa), y dorada —todo el cromo del oro— por el Sol y las nubes (placa positiva).

Las fuerzas humanas del trabajo hallan aquí expresiones e imágenes insólitas. Es ésta una ganga psicológica desconocida para el subjetivismo capitalista del cinema. Estamos aquí ante una psicología nueva. La psiquis que nos revela Eisenstein no es una psiquis individualista e introspectiva, sino socialista, cordial y objetiva. Ella está en función de los trances colectivos de la vida. Verbigracia: la plástica de un grito de rebeldía en boca de un marino; la mueca de dolor de un obrero herido por la ametralladora del capitalismo; diez mil pares de manos militantes del proletariado aplaudiendo a un agitador; el hormigueo de la masa retrocediendo horrorizada ante los obuses de los patronos; la curva de un pecho revolucionario cobrando su mayor convexidad ante el pelotón que va a tirar sobre él; los hinchados y grasosos párpados del patrono que duerme a pierna suelta; una multitud en un mitin de protesta; una mosca negra y gorda pastando en el sudor de las adiposas mejillas de un nepman embrutecido e inmovilizado por una exuberante digestión; una procesión de iconos con decorado *ad hoc*: el gesto seco y óseo de un capitán de buque al dar la orden de fusilar a la hambrienta marinería; la risa luminosa y eufórica del mujik y liberado por los bolcheviques...[22]

22 Una característica, entre muchas otras revolucionarias de la técnica del cinema soviético, reside en el verismo heroico de los grandes momentos multitudinarios de las películas. El cineasta trabaja en este punto, no con actitudes y movimientos artificiales o voluntarios de actores, sino con actos y peripecias vitales de masas e individuos que no son actores, y que, al ser filmados, no hacían más que vivir la realidad auténtica y extra cinemática de la vida cotidiana. De este modo, a los actores profesionales o *dilettantes* reemplazan personas y masas sin formación artística, y que ignoran que en ellas se está filmando el gran drama de sus vidas individuales y colectivas. El cinema tiende así a ser un simple instrumento de reportaje o cinema documentario. *El operador*, de Vertof, es una de las más típicas películas de

Una breve distinción a hacer entre *El acorazado Potemkin* y *La línea general*: la primera película contiene el momento criticista del proceso de la producción; la segunda contiene, sobre todo, el momento constructivo de este proceso. La primera es más psicológica; la segunda es más sociológica. Aquélla es más dolorosa y episódica; ésta es más indolora y permanente. Aquélla expone los hechos de la historia como son; ésta los expone como deberían ser. Ambas, por eso, se completan en la explicación cinemática del proceso social, como anverso y reverso de una misma medalla.

—¡Qué lejos andamos aquí de Hollywood y todo su *dressing room* de decadencia y pacotilla![23]

este género, y algunos momentos de *Tempestad en el Asia*, de Pudovkin. Por lo demás, el propio Eisenstein dice: «El arte ha cesado de serlo y se encamina a la meta de devenir la vida misma». Otro tanto y, naturalmente, en menor escala, se está haciendo en el teatro ruso.

23 Los materiales técnicos cinemáticos no son del todo soviéticos, ni mucho menos. El número de «studios» es igualmente reducido. Solo el 60 % de las películas se produce en talleres rusos, y menos aún con material ruso. Este material es, en su mayoría, alemán, y muy poco yanqui.

XV. Las grandes dificultades. De la revolución política a la revolución económica. La voz del «mujik»

He asistido a una conferencia contradictoria —un debate— sobre capitalismo y socialismo, en el múltiple:[24] obreros de fábrica y de campo, campesinos pobres, kulaks, ingenieros, funcionarios, nepmans, soldados, artistas, miembros del partido comunista, obreros sin partido, mujeres, hombres de ciencia, industriales extranjeros: todos los matices de la sociedad soviética. El conferenciante es un delegado del partido comunista yanqui ante la Komintern. Una versión francesa del debate, obtenida a medida que éste se desenvuelve, me permite sorprender los más auténticos y salientes trances de la discusión.

El conferenciante empieza afirmando la continuidad histórica del fenómeno económico a través de la revolución rusa. «La máquina —dice— tiene, evidentemente, sus saltos marxistas, es decir, sus revoluciones; pero éstas no se realizan forzosamente al mismo tiempo que las revoluciones políticas o saltos del aparato de Estado. A veces o casi siempre las revoluciones del fenómeno económico —máquina, técnica, etc.—, tienen lugar bajo un ritmo meramente evolutivo del fenómeno político de un país. El mecánico Fulton inventó la navegación a vapor en pleno remanso político de los Estados Unidos. Taylor introdujo su famoso sistema de trabajo, en horas tranquilas e imperturbables del Estado capitalista yanqui. Del mismo modo, la proclamación de la Comuna de París no vino acompañada de ninguna transformación radical ni violenta del proceso de la producción. Así también, la

---

24 (Sic.) Parece que aquí faltan unas palabras en la edición original. (N. del E.)

revolución bolchevique de 1917 no trastornó, no hizo saltar el ritmo económico ruso...»

—¿Eso quiere decir —pregunta un comunista ruso— que la revolución rusa ha sido sino una revolución política, pero no una revolución económica? La tesis del compañero que nos habla es peligrosa, pues se presta a muy contradictorias consecuencias. De esa tesis podrían servirse los profesores burgueses para sostener —como ya lo han sostenido los enemigos rusos y extranjeros del proletariado— que, en efecto, la revolución de 1917 no significa más que un simple cambio de gobernantes, y que ella ha dejado en el estado de antes la estructura económica de Rusia. Es decir, que aquí hay siempre pobres y ricos, explotados y explotadores, siervos y señores, patronos y obreros, y que al zar blanco Nicolás II ha sucedido el zar rojo, Stalin. Otto Bauer, el socialista alemán, es de los primeros en afirmar el carácter exclusivamente político de nuestra revolución y en negarle todo carácter económico. Así, pues, yo quiero que el compañero que nos habla explique bien su tesis, que la aclare, a fin de evitar confusiones y errores...

—No, compañero —dice el yanqui—. Lo que yo sostengo no se relaciona en nada con lo que dicen nuestros enemigos los capitalistas. Lo que yo afirmo es la independencia de tiempos con que se realizan las revoluciones política y económica. Yo anoto entre ellas una independencia únicamente de tiempos. Quiero decir con esto que la revolución económica no siempre —y más aún— que casi nunca se efectúa en el mismo momento que la revolución política, y viceversa. Creo que los ejemplos que he mencionado de Fulton, de Taylor, de la Comuna de París y de la revolución rusa de 1917 son bastante aclaratorios. Pero con esto estoy lejos de negar la dependencia de causa a efecto que hay siempre entre los saltos político y económico. Una revolución económica trae siempre en sus entrañas los gérmenes de una revolución política y al revés. El primer buque a vapor construido por Fulton determinó en mucho, seguramente, a través de muchos años, el establecimiento de la forma republicana de gobierno en Alemania o la dictadura fascista en Italia, o la instauración monárquica en Egipto. Así también, la Comuna de París ha determinado en gran parte el movimiento del capitalismo organizado o superimperialismo, o el fenómeno de la racionalización capitalista. La revolución política rusa nos aporta, asimismo, inmensas y maravillosas revoluciones económicas, las mismas que se han realizado después del salto del aparato de Estado; muchas solo ahora empiezan a realizarse y otras ni siquiera han empezado.

«Estas dilucidaciones, compañeros, tienen gran importancia desde muchos puntos de vista, y particularmente para los ojos del extranjero, que sin ellas no se explica ni comprende nuestra revolución»...

Un ingeniero le interrumpe:

—De lo que acaba de manifestar el compañero conferenciante se deduce que, en principio y en la práctica, la vida económica se desarrolla y tiene sus revoluciones aun bajo los Estados conservadores. Es decir, que para revolucionar la estructura económica de un país no es siempre menester derribar el aparato de Estado vigente. De donde resulta que para llevar a cabo la transformación radical de la economía rusa no era forzoso derribar el zarismo y reemplazarlo por el Sóviet...

El conferenciante responde:

—Tampoco son así las cosas, compañero. Vuelvo a decir que las revoluciones económicas engendran las revoluciones políticas, y a la inversa. Por consiguiente, la toma del poder por los bolcheviques y la transformación del aparato de Estado zarista en el Estado proletario, contienen el punto de partida de la transformación del aparato económico ruso, transformación que se está efectuando a diversas distancias, según las ramas industriales, de la revolución política de 1917. Compañeros: la colectivización de la agricultura rusa, la implantación del nuevo calendario, la electrificación del país, la producción de maquinaria e instrumentos de trabajo y otras obras realmente revolucionarias de la economía rusa, no habrían podido llevarse acabo nunca sin la destrucción del Estado zarista y su reemplazo por el Estado soviético. ¿Es esto cierto o no es cierto, compañeros?

La sala asiente casi unánimemente y el orador continúa:

—¿Qué deducciones pueden sacarse de estos hechos? Muchas y muy importantes. Primeramente, que durante varios años después de la toma del poder en 1917, la economía rusa, en su esencia, ha seguido un curso normal y sin mayores diferencias de lo que ella era la víspera de la caída del zar. Según he dicho al comienzo, la toma del poder por el Sóviet no podía llevar consigo la transformación automática y simultánea de la economía. Pero es más todavía: digo mal al decir que la vida económica siguió su curso normal. Este fue normal en el sentido de que no se produjo en él ninguna revolución. Pero en lo demás no fue normal. Sufrió un retroceso, motivado por las guerras civiles y por la propia destrucción del Estado zarista.

Así es como, al cesar esas guerras y al quedar definitivamente contexturado el aparato soviético de Estado, el fenómeno económico había sufrido un gran retraso. En vez de haber dado un salto hacia adelante, había dado un salto hacia atrás. ¿Esto era todo? No. Un segundo retraso sobrevenía luego a causa de las dificultades de adaptación de la nueva organización política a las viejas formas sociales del país. Este segundo retraso pudo subsanarse poco a poco con la Nep, que permitía un puente entre la revolución y el pasado.

«He aquí, compañeros, la primera razón por la cual el Sóviet no ha avanzado más en su acción económica, revolucionaria y constructiva. En el extranjero se preguntan: «¿Cómo es posible que en Rusia la vida económica conserve todavía formas tan viejas y estancadas como las de cualquier país capitalista? ¿Cómo es posible que Rusia sufra aún de deficiencia de productos industriales? ¿Cómo es posible que haya aún en Rusia concesiones industriales extranjeras? ¿Qué ha hecho entonces la evolución? ¿Qué diferencia hay entonces entre Estado proletario y socialista y Estado capitalista?»...

«A estas preguntas hay que responder así: Primero. La revolución política, la transformación de un Estado no siempre lleva consigo la revolución económica automática. Segundo. Las guerras civiles de una revolución retrasan el proceso económico. Tercero. Las dificultades de adaptación de un nuevo Estado a las antiguas formas sociales, ejercen sobre la vida económica un segundo retraso. Total: el Sóviet ha tropezado y aún tropieza con estos tres fenómenos inevitables y consustanciales de la revolución para revolucionar precisamente y luego consolidar, en forma constructiva, los módulos económicos del país.»[25]

25 Hacia fines del «comunismo de guerra» en 1921, la producción industrial apenas rendía el 20 % de las cifras de 1913, y la producción agrícola, alrededor del 50 %. Solo en 1921 la producción en general se restaura totalmente, llegando la industrial a 103,9 % respecto de 1913, y la agrícola, a 106,5 %. A partir de 1927, la economía nacional soviética entra de lleno en un período de reconstrucción al infinito. La producción en rublos, en 1927, alcanza a 21,13 miles de millones de rublos; en 1931, llega a 31,25, por 20,04 en 1913. A las dificultades antes dichas hay que añadir dos de primera importancia: el atraso de la técnica de producción rusa en 1913 y la desmesu-

Un profesor interroga:

—Noto, a través de toda la exposición del conferenciante, una fisura de grave trascendencia. El compañero no es preciso. Dice: «La revolución política no siempre o casi nunca lleva consigo la revolución económica automática simultánea». Francamente, yo querría que el compañero sea más concreto o que nos explique esta frase, un poco ambigua e inconsistente.

—Pues bien —dice el yanqui—. Seré más preciso y diré categóricamente que la revolución política no lleva siempre consigo la revolución económica automática. Suprimo así lo de *o casi nunca* y lo de *simultánea*...

—Cítanos, compañero —replica el profesor—, un caso histórico en que la revolución política lleve consigo la revolución económica automática.

—La revolución francesa de 1789, que a los veinte días de la toma de la Bastilla suprimió, el 4 de agosto, los privilegios feudales...

—La revolución rusa de 1917 también, el mismo día de la toma del Palacio de Invierno, suprimió los latifundios, entregando toda la tierra a los que la trabajan...

—Sí, perfectamente. En uno y otro casos, ambas medidas fueron traumáticas, revolucionarias. Son, en efecto, revolu-

---

rada tarea de transformar las bases más hondas del mecanismo económico zarista en otras radicalmente distintas: las bases proletarias. «Cuanto más atrasado esté —decía Lenin— el país (Rusia) llamado por los zigs-zags de la historia a inaugurar la revolución social, más dificultades hay en pasar del antiguo régimen capitalista al socialismo.» Lenin alude a la última dificultad diciendo: «La organización del registro y del control de las más grandes empresas, la transformación de todo el mecanismo del Estado y de todo el mecanismo económico en una gran máquina, en un organismo que trabaje de tal suerte que cientos de miles de hombres laboren con arreglo a un plan, es la colosal misión organizadora que pesa en nuestros hombros».

ciones económicas. Pero la primera es una transformación completa. La abolición del régimen feudal consagraba de hecho y plenamente el advenimiento del orden burgués. En cambio, la repartición de las tierras entre los trabajadores rusos no era más que el comienzo y la tentativa de una nueva economía agraria. En 1789, la burguesía no hacía sino legitimar una situación de hecho, cual era su preponderancia económica ya instaurada en Francia. En 1917, el Sóviet daba apenas el primer paso práctico hacia el advenimiento del socialismo agrícola. La técnica capitalista, en 1789, era un fenómeno casi enteramente consumado en Francia. En 1917, la técnica socialista apenas se esbozaba únicamente en la industria pesada rusa. Prueba de ello es que solamente ahora, a partir de 1928, se ha empezado en Rusia a colectivizar el campo. El decreto del Sóviet de 27 de octubre de 1917 instauraba un régimen rural —el parcelamiento— que ni siquiera llegó a estructurarse, para reemplazarlo luego por otro, el actual, el colectivo. En consecuencia, la verdadera revolución agraria rusa no se efectuó en 1917 por resonancia automática de la revolución política, sino en 1929.

«Pero si mi ejemplo de la revolución francesa no es claro ni bastante, me referiré a nuestra época. El día en que el proletariado tome el poder en los Estados Unidos, la revolución económica seguirá automáticamente a la revolución política, por no decir simultáneamente. ¿Por qué? ¿Cómo? Porque ya de hecho, en la práctica, el orden económico proletario es el que domina en gran parte en ese país, no solo en la industria pesada ni ligera, sino en la agricultura. No tiene la dictadura proletaria, apenas tome el poder, sino que consagrar por un decreto lo que ya es una situación de hecho en la economía yanqui. El orden socialista está ahí maduro para el salto económico de la historia.»

«Y es que el caso de la burguesía de 1789 en Francia y el del proletariado de hoy en los Estados Unidos, demuestran que toda revolución —económica o política— exige una cierta madurez de los factores del proceso económico o político que le son favorables. ¿Estos factores estaban maduros, en 1917, en Rusia? Evidentemente, no. La técnica de producción estaba, en general, atrasada. Económicamente, Rusia era un país rezagado. Salvo en algunos aspectos de la industria pesada, como he dicho, donde la técnica estaba parcialmente socializada y donde el proletariado era numeroso y con cierta conciencia de clase, el resto de la actividad económica llevaba el sello de un enorme atraso: técnica, máquinas, obreros, métodos, etc. Este atraso ha sido otro de los obstáculos del Sóviet para la edificación socialista de la economía, para el salto o revolución económica de Rusia.»[26]

«Existe aún otro obstáculo: la ignorancia de las masas, particularmente campesinas»...

Un nepman se permite observar:

—Si la economía zarista estaba en 1917 tan rezagada, pienso que no era entonces el momento de hacer la revolución bolchevique. Había que haber esperado más bien que maduraran los factores favorables a la revolución económica de Rusia.

El yanqui dice:

—Eso es lo que alegan los enemigos de la revolución, los evolucionistas fanáticos. Justamente, Lenin ha demostrado con la revolución rusa que la maduración de esos factores puede realizarse con mayor rapidez bajo el Estado revolucionario que bajo el Estado conservador.[27] Lenin ha probado

26 Alude a la primera de las dificultades contenidas en la cita anterior de Lenin.
27 «Si el socialismo exige —decía, por ejemplo, Lenin, particularizando la cuestión al tema cultural—; determinado nivel de cultura (aunque

que el proceso de maduración de un fenómeno social puede ser acelerado, como puede ser acelerado el crecimiento de una planta. Un ejemplo: el fenómeno agrario. Comparemos. Tomemos la agricultura más avanzada en 1917: la alemana, y la más atrasada: la rusa. ¿Qué vemos en 1928? Que bajo el Estado revolucionario ruso se han preparado y están ya listos una serie de factores y condiciones económicas generales, necesarias y bastantes para socializar el campo, mientras que, bajo el Estado conservador alemán, esos factores y esas condiciones siguen preparándose paulatina y morosamente y se encuentran aún verdes para una socialización inmediata del campo alemán. Ciertamente, esta socialización anda muy lejos de las intenciones del Gobierno alemán. Pero así lo quisiese, ¿sería ella posible actualmente? Evidentemente, ella no sería posible. ¿Por qué? Porque el Estado no ha preparado, repito, las condiciones económicas generales de semejante salto o revolución agraria. En cambio, el Sóviet sí que ha estado maduro para iniciar en 1928 la colectivización agrícola, y así lo ha hecho. Los signos y frutos de esta revolución rural ya los conoce y los ha palpado el mundo entero.[28]

«Porque esta revolución, como todas las revoluciones, no depende de la voluntad exclusiva de los gobiernos, sino principalmente de las condiciones sociales objetivas. Favorables o contrarias a la revolución»...

Más adelante, el conferenciante dice:

---

nadie puede decir cuál sea concretamente ese nivel), ¿por qué no podríamos comenzar por conquistar revolucionariamente las condiciones necesarias para ese nivel de cultura, a fin de ir luego, ya en posesión del poder y del régimen soviético, hacia adelante y dejar atrás a los países capitalistas?»

28 Al iniciarse el año 1931, la agricultura nacional se encuentra colectivizada en un 42 %, o sean 20 millones de hectáreas. Para fines de año, la colectivización abarcará el 50 %.

—Si se tienen en cuenta, además, las dificultades derivadas de la intervención de los aliados en Rusia, del bloqueo económico en que ha vivido y vive todavía el Sóviet por parte de las finanzas imperialistas, y derivadas, en fin, de las constantes reacciones del zarismo caído, se comprenderá sin trabajo el esfuerzo titánico e increíble que el Estado proletario ha tenido que desplegar para obtener los resultados y progresos prácticos que empiezan a asombrar al mundo entero. No solo ha logrado el Sóviet sostenerse en el poder, sino que ha realizado adelantos revolucionarios y constructivos tan grandes en todos los terrenos, que le colocan de golpe a la cabeza de la civilización universal. Todo esto lo ignoran los pueblos extranjeros. ¿Por qué? Porque los patronos, los profesores, los periodistas y demás enemigos de clase del proletariado —interesados todos en injuriar y desprestigiar al obrerismo ruso— cuentan en el extranjero, sobre Rusia, las mentiras más ineptas y pueriles, aunque no menos malvadas y nocivas. Un político burgués conocido por sus hipócritas halagos al proletariado internacional —Albert Thomas, director de la Oficina Internacional del Trabajo en la Sociedad de las Naciones— ha dicho: «Hemos llegado a un momento en que los espíritus equilibrados ya no leen nada sobre cosas rusas, temerosos o casi seguros como están de ser siempre engañados».

Un campesino de unos cincuenta años baja de un asiento situado en una de las galerías más altas de la sala y se aproxima paso a paso a la mesa donde está hablando el conferenciante. Todos se quedan en silencio y miran respetuosamente al viejo. ¿Qué va a hacer? Tiene sed. Toma la garrafa de agua que hay en la mesa presidencial, llena el vaso y bebe tranquilamente. Después, dirigiéndose a quemarropa al conferenciante, le pregunta con una ingenuidad realmente rural:

—Dime, compañero, ¿qué diferencia hay entre vivir en un país capitalista y vivir en el país del Sóviet?

El conferenciante le responde:

—Hay una gran diferencia, compañero. Tú vives ahora en el Sóviet y antes, hace quince años, viviste en la Rusia feudal y capitalista. Tú mismo puedes descubrir esa diferencia. Pero siéntate y hablemos.

El campesino vuelve a su asiento y el yanqui le dice:

—Antes, en la época del zar, ¿tú eras igual a los demás hombres?

—No —dice el mujik—. Habían los pobres y los ricos, los señores y los siervos, los patronos y los obreros.

—¿Y ahora?

—Ahora no. Ahora no hay ricos, ni señores, ni patronos. Todos somos trabajadores. Todos somos pobres...

—¿Pobres dices? ¿Crees que somos pobres?

El mujik vacila.

—Sí —dice—. Al menos, yo no veo por ninguna parte ricos. No veo ya ricos ni señores. Todos somos pobres, puesto que nadie lleva levita, ni cadena de oro, ni bastón, ni cuello duro, ni veo mujeres vestidas de seda, ni carrozas, ni salones elegantes. Todo el mundo se viste hoy de camisa de obrero, polainas, gorra y traje kaki. Yo llamo a eso ser todos pobres.

—Es verdad, compañero. Todos nos vestimos así. Pero no creas que el que viste así es pobre. El que viste así no es pobre. Pobre es el que no tiene de qué vestirse. Pobres había antes con el zar. Esos sí que no tenían de qué vestirse. Tú debes acordarte.

—Sí. Así es. Tú tienes razón, compañero. Hoy no quedan en Rusia ni ricos ni pobres. Todos somos...

El campesino no halla la palabra para designar el pie económico de los actuales habitantes de Rusia. El yanqui le ayuda diciendo:

—Todos no somos ni ricos ni pobres. Porque no llevamos levita, pero tampoco vamos con harapos. Vamos decentes y limpios. Tenemos lo justo para vivir. Somos un pueblo nuevo y nunca visto en la historia. Pero sigamos. Antes, cuando el zar, ¿tú agachabas la frente ante alguien?

—Desde luego. Ante el señor, dueño de la tierra en que yo vivía, que era el duque de Ratof, y que nadie sabe ahora qué ha sido de él. Y también ante sus administradores y sus altos empleados. Y luego, ante los coroneles y los guardias. Y también ante los zares y toda su familia. Y ante los otros señores y propietarios y ante todo hombre de bastón y cuello que encontrábamos en las calles. Y ante los popes.

—¿Y ahora?

—Ahora no. Ahora yo no bajo la frente sino ante los comisarios de la *symtchka*

(explotación agraria en común).

—Muy bien, compañero. Pero tampoco debes inclinarte ante esos comisarios. Es un abuso de ellos el consentir que tú te inclines. ¿Te lo han exigido?

—No. Pero como son comisarios, me parece que hay que inclinarse. Porque tenemos que inclinarnos siempre ante alguien...

—No, compañero. Con el Sóviet, nadie; ¿me oyes bien?, nadie está obligado a inclinarse ante nadie. No lo hagas más, compañero.

Después el yanqui le pregunta:

—Antes, durante el zarismo, ¿gozabas tú de todos los placeres de que los demás gozaban?

—No. ¡Cómo iba yo a gozar! Los pobres no entrábamos a los salones de los ricos, ni a sus comedores. Sus fiestas y sus comidas no eran para nosotros. Ellos tenían sus placeres y los pobres no hacíamos más que servirles y sufrir.

—¿Y ahora?

—Ahora es otra cosa, compañero. Ya no hay salones, ni comidas, ni fiestas para ricos. Ahora todos disfrutamos de pocos placeres, muy pocos. Los verdaderos placeres se fueron con los ricos y los señores.

—Sí, es verdad que nuestros placeres de hoy son muy pocos. Pero ¿hay algunos placeres que gozan otros y que tú no gozas?

—No. Me parece que yo voy a donde van todos: al cinema, al teatro, al club obrero, al restaurante, al té, a la pastelería, a los estadios deportivos. No hay más sitios de placer a donde ir.

—¿Y dónde te sientas cuando vas a alguno de esos sitios?

—En diferentes sitios. A veces, en un rincón, como ahora. Otras veces, cerca de las luces. Otras veces... Una noche, para ver *Krasnamak* en la Opera, me sentaron en el palco del zar.

—¿Y antes?

—Antes no conocía lo que era teatro, ni restaurante, ni club obrero, ni nada. De eso tenía noticias por lo que me contaban los otros campesinos.

—¿En qué trabajabas antes, en la época de Nicolás?

—En cultivar trigo.

—¿Para quién era ese trigo?

—Para los Ratof.

—¿Y a ti no te daban algo de ese trigo?

—Nada. Solo me daban de comer un poco de cebada.

—¿Y ahora? ¿En qué trabajas?

—Ahora también trabajo en el cultivo de trigo. Pero este trigo nos lo repartimos entre los que lo cultivamos. Una buena parte es también para el Sóviet.

—¿Cuántas horas al día trabajabas antes?

—Trabajaba siempre, sin descanso, día y noche y cada vez que me lo ordenaban.

—¿Y ahora?

—Ahora trabajo ocho horas al día. Yo querría trabajar más; pero los comisarios me lo impiden, porque dicen que no es bueno trabajar mucho.

—En suma, compañero, ¿tú te sientes hoy mejor y más contento que antes con el zar?

—Mil veces más, compañero. Eso no debes ni preguntármelo.

—Bueno. Pues esa es la diferencia que hay entre vivir en un país capitalista y vivir en el país del Sóviet.

—¡Cómo! —exclama el campesino sorprendido—. ¿No hay otra diferencia?

—Hay otras diferencias, muchas otras. Pero todas están comprendidas en la que acabamos de hacer. Y todas esas diferencias son siempre en favor del Sóviet y en favor de la vida que llevamos en Rusia.

—Pero a mí me dicen que en los otros países capitalistas extranjeros hay otras cosas que no había en Rusia durante el zar. Me dicen que en esos países la vida es mejor que en el Sóviet.

—No —responde con energía el yanqui—. No es cierto. Yo he vivido en los Estados Unidos, en Alemania, en Francia. En todos esos países hay lo que había en Rusia antes de la revolución. Hay allí ricos y pobres, señores y siervos, patronos y obreros. Hay también personas de levita, con bastón, piedras preciosas y carruajes lujosos, y hay otras vestidas de andrajos. Hay unos que se agachan y tiemblan de miedo ante otros, que son los generales, popes, propietarios, altos empleados y muchas otras gentes de cuello duro. Hay también muchos goces y placeres para unos, y para los demás solo miseria y dolor. En esos países hay grandes placeres, pero son únicamente para unos cuantos. Hay también allí unos que van a la Opera y otros que ni siquiera la conocen. Por último, hay unos que trabajan y no es para ellos lo que hacen con su trabajo, mientras que hay otros que nunca trabajan y que, sin embargo toman todo lo que los otros producen con su trabajo...

El mujik parece como agobiado por las palabras del yanqui, y exclama:

—Basta, compañero. Basta.

Ciertamente, en el debate del Museo Politécnico ha brillado más de una verdad, tanto más persuasiva e implacable cuanto más sencilla ha sido la forma en que ella ha sido dicha. No en vano estoy entre proletarios y campesinos.

XVI. La educación. La escuela única. Universidad soviética y facultades obreras

El niño de octubre! Así, con una forma alusiva a la revolución bolchevique, se denomina en Rusia a la infancia venida después de 1917. El niño de octubre encarna el porvenir socialista, el mundo de la justicia definitiva. Encarna o, con más exactitud, deberá encarnar. El niño de octubre es, más que la esperanza y la fe en el porvenir socialista del mundo, el imperativo de realizar y consolidar este porvenir. Esto último explica el contenido de la educación soviética, cuyos dos polos cardinales están constituidos, de una parte, por la ética revolucionaria, y de otra, por la preparación práctica y científica para crear la nueva humanidad. El Sóviet quiere hacer del niño un esforzado, un luchador, un héroe, y, al propio tiempo, un constructor, un técnico. El ideal pedagógico ruso contiene, por eso, muchos elementos tomados a los diversos sistemas educacionales capitalistas, antiguos y modernos. El Sóviet ha tomado de éstos lo que le es necesario para elaborar el tipo de educación nueva y revolucionaria, cuya esencia y fisonomía humana no se parecen, por lo demás, en nada a ninguna de las pedagogías existentes. Porque todas éstas —hasta las mejores— son incompletas y están viciadas, en sus íntimas raíces, por su carácter clasista. La pedagogía soviética es también clasista, pero clasista dialéctica. Ella defiende los intereses de la clase proletaria, pero tan solo momentáneamente y como medio de facilitar la implantación del socialismo. Es clasista a medias o demasiado, pero en todo caso lo justo para llegar a no serlo. El fondo histórico de esta pedagogía —como el del derecho, de la economía, de la moral, del arte soviético— es real y violentamente socialista, a través de su contenido proletario. No hay que olvidar que, dialécticamente, se es más socialista cuanto más proletario se es. En el primer plano está el obrero, y en el fondo de la perspectiva el mundo socialista. En la educación capitalista, el primer plano está ocupado por el patrono, y la perspectiva, por el patrono agrandado hasta la cuarta dimensión.

En un plantel escolar primario de Moscú he visto realizarse, en vivo y en su iniciación infantil, el tipo de escuela única soviética, de esta escuela única que no solamente está en la base de la educación elemental, sino de todos los grados y ciclos de la enseñanza rusa. El plantel que he visitado es mixto —de niños y niñas—, de siete a dieciocho años. Lo dirige una señora, de unos cuarenta y cinco años. Cuando llego a la escuela, salen de ella dos grupos de extranjeros.

—¿Son turistas? —me permito preguntarle a la directora.

—No —me dice—. Son todos ellos profesores y pedagogos. Uno de los dos grupos es de alemanes. El otro, de norteamericanos. Han venido a Rusia a estudiar nuestros sistemas de educación.

El local está edificado especialmente para escuela. Varios pisos. Calefacción. Mucho aire. Asistencia médica y farmacéutica. El amueblamiento es mediocre. Las salas de clase pueden alojar hasta cincuenta alumnos. Los patios de recreo y de deporte, un poco estrechos, pero dotados de aparatos modernos para diversos juegos y, especialmente, para gimnasia y baseball. Hay externado, medio y cuarto internado.

—¿Lleva usted muchos años como profesora? —le pregunto a la directora.

—Más de veinte años.

—¿Cuál fue la actitud de los maestros ante la revolución?

—La mayoría éramos, mucho antes de la revolución, revolucionarios.

—Pedagógicamente, ¿qué distinción existe entre la Rusia zarista y la Rusia soviética?

—La pregunta es compleja. Sin embargo, trataré de simplificar la respuesta. La educación soviética ha establecido la escuela única en toda la escala de la enseñanza, desde la elemental hasta la universitaria. Esta es gratuita para los que ganan lo justo para vivir, y para los demás, los derechos que percibe son proporcionados a lo que gana cada uno.

—Permítame usted, ¿quiénes son los demás?

—Los ingenieros y los técnicos, por ejemplo. La revolución estableció la laicidad de la enseñanza. Suprimió los centros particulares de educación. Desterró el espíritu capitalista de la escuela, reemplazándolo por el proletario para todo el alumnado. Es decir, el Sóviet quiere hacer de cada niño un hombre de ideas, sentimientos e intereses proletarios. Luego buscamos hacer de él un temperamento pragmático, como dirían los yanquis, eliminando de él al antiguo hombre contemplativo. Pero esto de pragmático no es la palabra que expresa con justeza lo que quiero decir. Es más bien dialéctico materialista lo que quiero significar. Me explico. El niño deberá concebir y afrontar la vida humana como un encadenamiento de hechos cuyo móvil radica siempre en una necesidad biológica —algo así como el «instinto de conservación» de la psicología burguesa—, en un interés concreto y tangible del devenir vital. Debe comprender que todo cuanto no gira —no quiero decir converge— en torno al juego económico de la vida, no es más que negación de ésta y estagnación del movimiento universal. El horizonte espiritual del niño debe, por consiguiente, terminar donde las ideas, sentimientos e intereses humanos cesan de comunicar, de modo afirmativo —por endósmosis o exósmosis— con el fenómeno de la producción económica. Excuso a usted añadir que en esta concepción de la vida van contenidas las disciplinas colectivistas contra las individualistas, las revolucionarias contra las conservadoras, las socialistas contra las clasistas.

—¿Esto quiere decir que la educación es exclusivamente técnica o politécnica?

—No. Eso sería coincidir o caer en el dominio pedagógico de los Estados Unidos, donde un practicismo estúpido y absorbente ha hecho de cada individuo un simple hacedor de dinero, con adornos o pecados filantrópicos. El Sóviet quiere crear al hombre completo y solo es completo aquél en quien las fuerzas y necesidades naturales de la vida humana se concentran y equilibran en una ecuación de justicia creadora. Sin duda, hay que trabajar y producir. Pero hay que trabajar y producir todos y para todos por igual. La revolución rusa no trata de hacer hombres filantrópicos. Quiere solamente hacer hombres justos. Esto quiere decir que, junto a la enseñanza politécnica, damos la educación jurídica, moral, filosófica y artística, disciplinas sin las cuales no hay hombre completo ni justo posible.

—¿Su local abastece para el actual alumnado?

—No, por desgracia. Rusia no dispone por ahora de locales suficientes para escuelas. El zarismo no hizo nada en este terreno, y es el Sóviet quien ha empezado a hacerlo todo.[29] Nuestro local, como usted ve, es estrecho para tanta criatura, a la que, sin embargo, hay que instruir y educar de todos modos. De aquí que gran número de escuelas se las arreglan como la mía: estableciendo dos turnos de alumnos al día. En la mañana, de nueve a una, damos en...[30] años, y por la tarde,

29 Cada año el Sóviet invierte grandes sumas en la construcción de locales para escuelas. En 1930 se ha gastado 220 millones de rublos.
30 Esta línea falta en la primera edición anterior de esta obra, publicada en vida de Vallejo.

de dos a siete, a doce grupos de niños de trece a diecisiete años.

—¿Las materias de enseñanza?

—Historia, Matemáticas, Contabilidad, Historia Natural, Ciencias Físicas y Químicas, ruso, alemán o inglés; diversos oficios y, en los cursos superiores, el esperanto.

—¿Cómo está reglamentada en las distintas regiones y repúblicas federadas la cuestión Lingüística?

—Con el bilingüismo. Usted debe sin duda saber que el Sóviet no solo respeta el sentimiento nacional —no quiero decir patriótico— de cada república federada, sino que lo estimula y lo exalta. Por sobre estos nacionalismos está la nacionalidad federal, que los unifica en una sola comunidad cultural. Porque, en realidad, la idea de nación no es más que la idea de cultura. La comunidad nacional no es más que la comunidad de cultura.

—¿Y cómo entra el sentimiento nacional dentro de la concepción socialista del universo?

—En principio, el sentimiento nacional no se opone al socialismo. Este realizará una cultura universal, idéntica en todos los meridianos y paralelos del globo. Pero semejante cultura mundial o nacionalidad universal solo será posible a base de una conciencia cósmica más unitaria y liberada de fronteras, conciencia cósmica que, a su vez, supone, entre otros hechos, un contacto íntimo y multifacético de los pueblos y de sus intereses entre sí. Para llegar a este contacto es necesario un gran progreso de las comunicaciones de todo orden. El hombre llegará así a una especie de ubicuidad espacial. Vivirá simultáneamente en todas partes. Todos o casi todos los valores fundamentales del sentimiento nacional —medio telúrico, clima social, etc.— serán comunes a todos los habitantes del globo. A la larga, todos los nacio-

nalismos verticales —patria, raza, cultura, etc.— se verán
refundidos y consustanciados en una sola nacionalidad ecu-
ménica. Hasta que este juego de comunicaciones rápidas o
casi instantáneas no se produzca, y hasta que otros factores
sociales no hayan madurado para la elaboración de esa futura conciencia mundial, no está en las manos de nadie ni
de ninguna revolución destruir las actuales nacionalidades,
que son los soportes históricos y entrañables de la vida colectiva. Atacarlas y minarlas equivaldría a precipitar en el
caos y en el vacío a la humanidad, ya que aún no está creada
la gran nacionalidad universal que ha de sustituirlas y que
ha de salir de ellas. Así, por ejemplo, cuando el esperanto
o cualquier otra lengua internacional se haya difundido, en
hondura y extensión, por todas partes, entonces se empezará
a pensar en ahogar los dialectos y lenguas nacionales. Pero
éste será un proceso de sustitución de adentro para afuera,
una real trayectoria de evolución y unificación orgánica de
las lenguas, y no el resultado de una medida administrativa,
violenta artificial de afuera para adentro.

Recorremos después algunos salones de clase. En uno de
éstos se da a la sazón una lección de historia. Es una profesora quien la dicta a los alumnos de ocho y diez años. El tema
es el Comité soviético del barrio. En otra sala, un miembro de la Juventud Comunista —de unos dieciséis años de
edad— dicta una clase sobre el socialismo. En otra se están
haciendo trabajos prácticos de Física. En otra se da una clase
de alemán. Luego asistimos a una lección de literatura. Por
último, ésta es una clase de trenzado de sillas de esterilla. En
general, observo que cada profesor explica con cierta monotonía a sus alumnos. La lección es un monólogo. El método
socrático no se usa. Le pregunto la causa a la directora.

—El método socrático —me dice— se basa en la intuición del niño. Es él quien descubre los hechos y las nociones de los hechos. Es, por esto, un método que exige una excesiva concentración de las energías intelectuales del niño. Se atrofia así el espíritu infantil. De otro lado, es un método de aventura. La intuición no constituye por sí sola un método de conocimiento Ella no es más que un elemento de éste.

—¿Cuántos alumnos tiene usted en total?

—Alrededor de mil doscientos.[31]

Cuando me despido de la directora del plantel, oigo que en la planta baja, los niños empiezan a cantar en coro la Internacional. «¡Arriba los pobres del mundo!»...

El himno socialista en boca de los niños proletarios nos despierta una emoción desconocida y nos hace pensar forzosamente en la humanidad del porvenir.

***

Me traslado enseguida a la Universidad, es decir, a una de las dos Universidades de Moscú: la Pinkevitch y la Vichinski.[32]

En la una existen las Facultades de Farmacia y Química, Medicina y Pedagogía. En la otra, las Facultades de Derecho, Matemáticas y Etnología. Cada una de las universidades tiene un director y un local especial. Además de estos centros

31 La población escolar elemental rusa ha sido en 1930 de 13.500.000 alumnos, o sea el 87 % de los niños de edad escolar. El Plan Quinquenal prevé para fines de 1932 un alumnado de 15.000.000, es decir, la totalidad de niños de edad escolar. Esto costará un gasto de 3.000 millones de rublos.

32 Al lado de estas Universidades, cuyo espíritu es específicamente soviético, existen muchas universidades rigurosamente comunistas, tales como la Universidad Zinovief, de Leningrado; las universidades Oriental y Sverdlof, de Moscú; la Universidad Artem, de Karkof, y otras.

de cultura superior, hay en Moscú varias escuelas técnicas. Estas escuelas y las Facultades de Pedagogía y Química son las más concurridas por el alumnado, circunstancia que denuncia el carácter politécnico o pragmático que domina en la cultura universitaria soviética. En la primera de las universidades indicadas hay actualmente unos seis mil alumnos, y en la segunda ocho mil. Los locales son los antiguos de las universidades zaristas. En cuanto a los laboratorios, gabinetes y museos, el secretario de la Universidad me dice:

—La revolución los destruyó casi enteramente. El Sóviet se ha provisto después de todos los que usted ve ahora.

—¿En qué porcentaje entran las mujeres como alumnas?

—La mitad del alumnado, más o menos, lo forman las mujeres.

—¿Qué clases sociales integran los claustros?

—Todos los estudiantes son proletarios. No hay otra clase social en las universidades.

—¿Y los hilos de los nepmans y de los kulaks?

—No vienen a nuestros claustros. Porque no querrían, naturalmente, proletarizarse. Sus padres los mandan a las universidades extranjeras.

—¿Y los hijos de los técnicos e ingenieros?

—Si los técnicos son rusos, sus hijos hacen sus estudios aquí, junto con lo proletarios propiamente dichos. El 30 % de los estudiantes son hijos de técnicos, ingenieros y funcionarios. El 70 % son obreros y campesinos. Pero unos y otros tienen una misma mentalidad: la proletaria, la soviética.[33]

—¿Qué tiempo duran los estudios de cada Facultad?

33 A la caída del zar, el número de estudiantes universitarios era de 47.200, todos nobles y burgueses. Hoy hay 160.000, de los cuales 120.000 aproximadamente son hijos de obreros y campesinos.

—Las de Farmacia y Química y la de Medicina, cinco años; las de Pedagogía, Matemáticas, Derecho y Etnología, cinco años.

—¿Cuál es el límite para el número de alumnos?

—Por ahora el Sóviet necesita del mayor número de profesionales para abastecer a los múltiples servicios y necesidades industriales y de todo orden del inmenso país. Por desgracia, se tropieza con deficiencia de local, de laboratorios y de recursos económicos. Mientras estos obstáculos subsistan, nos vemos obligados a limitar el número de alumnos. Como las demandas son siempre crecidas, la selección la hacemos en favor de los obreros propiamente dichos.

—¿Las condiciones y forma de admisión?

—Haber terminado sus estudios preparatorios y pasar por un examen previo.

—¿Y económicamente?

—Las universidades están sostenidas en todas sus necesidades económicas por el Estado. Sin embargo, los alumnos pagan ciertos derechos, cuyo monto varía en proporción a los recursos de cada cual.

—¿Quiere usted decir que el no tener dinero para pagar los derechos no cierra las puertas de la universidad a nadie?

—Exactamente. El criterio de admisión no es el económico, sino el del origen proletario del estudiante, y, entre dos proletarios, el de mayor capacidad. El 60 % de los alumnos reciben su instrucción universitaria gratuita. Un 30 % la reciben pagada por bolsas universitarias, y el 10 % conforme a sus alcances.[34] Esta jerarquía de derechos impera en todos los grados de la educación soviética.

34 Una institución muy importante a este respecto es la que consiste en el sostenimiento que procuran los Sindicatos industriales a parte del alumnado universitario. El estudiante se compromete, terminados sus estudios, a servir en el Sindicato que le sostuvo en la Universidad.

—¿Los estudiantes ejercen alguna intervención en la dirección de la Universidad?

—Desde luego. La ejercen por una delegación del Sóviet de Estudiantes Universitarios, el cual está encargado de los intereses del alumnado en lo que toca a los rumbos intelectuales y administrativos de la Universidad. Los estudiantes, además, están organizados en Sindicatos, según las Facultades, para defender y propulsar el estatuto universitario dentro del Sóviet.

—¿En qué consisten las Facultades Obreras?

—Estas son academias o escuelas en que los alumnos —obreros o campesinos de veinticinco a treinta años— realizan estudios preparatorios para ingresar en las universidades. Las Facultades Obreras dan así la enseñanza que los trabajadores no pudieron recibir en su adolescencia, a causa de la revolución y de las guerras civiles, o porque no se las daba el Estado zarista. Estos trabajadores pasan a la universidad sin examen de admisión.[35]

—¿Cuál es el rol social de los profesionales egresados de la universidad soviética?

—Las profesiones llamadas liberales en los países capitalistas han sido abolidas en Rusia. Todos los profesionales son aquí servidores del Estado, es decir, proletarios. El Sóviet les paga un sueldo o salario, y tanto el médico como el abogado sirven gratuitamente al pueblo. Sin embargo, quedan aún abogados y médicos de la época zarista que se resisten a proletarizarse. Prefieren ejercer la profesión libremente, haciéndose pagar por los clientes. Esto ocurre, sobre todo, en las regiones apartadas, adonde no han llegado aún los nuevos

---

35 En los últimos cinco años han pasado por las Facultades Obreras, a los centros de cultura superior, 33.600 obreros y campesinos. El Estado gasta en estas facultades alrededor de 30 millones de rublos al año.

procedimientos soviéticos. A medida que estos últimos aumenten, los reaccionarios irán desapareciendo. Por lo demás, ellos mismos se están suicidando, ya que la gente prefiere, naturalmente, no pagar, y los nuevos profesionales son mejores que los viejos.

El secretario de la Universidad, que en un país burgués vestiría de correcto chaquet, lleva una blusa proletaria. Ninguna pedantería. Su llaneza y cordialidad identifican su aspecto con el de cualquier estudiante. Aquí la ciencia socializa e iguala a los hombres, mientras que en los otros países los diferencia y los separa.

Un recorrido por los claustros, salas de clase, laboratorio, museos y bibliotecas. Me llama la atención, entre todos, el Museo Darwiniano y el de Psicología Comparada entre el hombre y las especies animales superiores. Balística experimental suficiente para que la teoría evolutiva del origen de las especies derrote a la cristiana y a la griega.

Al cruzar el patio principal, para abandonar la Universidad aparecen a uno y otro lado los bustos en bronce de Marx y de Lenin. Son los dos grandes vigías del nuevo pensamiento humano.

Libros a la carta

A la carta es un servicio especializado para
empresas,
librerías,
bibliotecas,
editoriales
y centros de enseñanza;
y permite confeccionar libros que, por su formato y concepción, sirven a los propósitos más específicos de estas instituciones.

Las empresas nos encargan ediciones personalizadas para marketing editorial o para regalos institucionales. Y los interesados solicitan, a título personal, ediciones antiguas, o no disponibles en el mercado; y las acompañan con notas y comentarios críticos.

Las ediciones tienen como apoyo un libro de estilo con todo tipo de referencias sobre los criterios de tratamiento tipográfico aplicados a nuestros libros que puede ser consultado en Linkgua-ediciones.com.

Linkgua edita por encargo diferentes versiones de una misma obra con distintos tratamientos ortotipográficos (actualizaciones de carácter divulgativo de un clásico, o versiones estrictamente fieles a la edición original de referencia).

Este servicio de ediciones a la carta le permitirá, si usted se dedica a la enseñanza, tener una forma de hacer pública su interpretación de un texto y, sobre una versión digitalizada «base», usted podrá introducir interpretaciones del texto fuente. Es un tópico que los profesores denuncien en clase los desmanes de una edición, o vayan comentando errores de interpretación de un texto y esta es una solución útil a esa necesidad del mundo académico.

Asimismo publicamos de manera sistemática, en un mismo catálogo, tesis doctorales y actas de congresos académicos, que son distribuidas a través de nuestra Web.

El servicio de «libros a la carta» funciona de dos formas.

1. Tenemos un fondo de libros digitalizados que usted puede personalizar en tiradas de al menos cinco ejemplares. Estas personalizaciones pueden ser de todo tipo: añadir notas de clase para uso de un grupo de estudiantes, introducir logos corporativos para uso con fines de marketing empresarial, etc. etc.

2. Buscamos libros descatalogados de otras editoriales y los reeditamos en tiradas cortas a petición de un cliente.